中华精神家园

东部风情

滨海风光

琼州文化特色与形态

肖东发 主编　刘　超 编著

中国出版集团

现代出版社

图书在版编目（CIP）数据

滨海风光：琼州文化特色与形态 / 刘超编著. —
北京：现代出版社，2014.5（2021.3重印）
ISBN 978-7-5143-2386-3

Ⅰ. ①滨… Ⅱ. ①刘… Ⅲ. ①地方文化－研究－海南
省 Ⅳ. ①G127.66

中国版本图书馆CIP数据核字(2014)第085012号

滨海风光：琼州文化特色与形态

主　　编： 肖东发
作　　者： 刘　超
责任编辑： 王敬一
出版发行： 现代出版社
通信地址： 北京市定安门外安华里504号
邮政编码： 100011
电　　话： 010-64267325　64245264（传真）
网　　址： www.1980xd.com
电子邮箱： xiandai@cnpitc.com.cn
印　　刷： 汇昌印刷（天津）有限公司
开　　本： 710mm×1000mm　1/16
印　　张： 10
版　　次： 2015年4月第1版　　2021年3月第4次印刷
书　　号： ISBN 978-7-5143-2386-3
定　　价： 29.80元

　　党的十八大报告指出：“文化是民族的血脉，是人民的精神家园。全面建成小康社会，实现中华民族伟大复兴，必须推动社会主义文化大发展大繁荣，兴起社会主义文化建设新高潮，提高国家文化软实力，发挥文化引领风尚、教育人民、服务社会、推动发展的作用。”

　　我国经过改革开放的历程，推进了民族振兴、国家富强、人民幸福的中国梦，推进了伟大复兴的历史进程。文化是立国之根，实现中国梦也是我国文化实现伟大复兴的过程，并最终体现为文化的发展繁荣。习近平指出，博大精深的中国优秀传统文化是我们在世界文化激荡中站稳脚跟的根基。中华文化源远流长，积淀着中华民族最深层的精神追求，代表着中华民族独特的精神标识，为中华民族生生不息、发展壮大提供了丰厚滋养。我们要认识中华文化的独特创造、价值理念、鲜明特色，增强文化自信和价值自信。

　　如今，我们正处在改革开放攻坚和经济发展的转型时期，面对世界各国形形色色的文化现象，面对各种眼花缭乱的现代传媒，我们要坚持文化自信，古为今用、洋为中用、推陈出新，有鉴别地加以对待，有扬弃地予以继承，传承和升华中华优秀传统文化，发展中国特色社会主义文化，增强国家文化软实力。

　　浩浩历史长河，熊熊文明薪火，中华文化源远流长，滚滚黄河、滔滔长江，是最直接的源头，这两大文化浪涛经过千百年冲刷洗礼和不断交流、融合以及沉淀，最终形成了求同存异、兼收并蓄的辉煌灿烂的中华文明，也是世界上唯一绵延不绝而从没中断的古老文化，并始终充满了生机与活力。

　　中华文化曾是东方文化摇篮，也是推动世界文明不断前行的动力之一。早在500年前，中华文化的四大发明催生了欧洲文艺复兴运动和地理大发现。中国四大发明先后传到西方，对于促进西方工业社会的形成和发展，曾起到了重要作用。

　　中华文化的力量，已经深深熔铸到我们的生命力、创造力和凝聚力中，是我们民族的基因。中华民族的精神，也已深深植根于绵延数千年的优秀文化传统之中，是我们的精神家园。

　　总之，中华文化博大精深，是中国各族人民五千年来创造、传承下来的物质文明和精神文明的总和，其内容包罗万象，浩若星汉，具有很强的文化纵深，蕴含丰富宝藏。我们要实现中华文化伟大复兴，首先要站在传统文化前沿，薪火相传，一脉相承，弘扬和发展五千年来优秀的、光明的、先进的、科学的、文明的和自豪的文化现象，融合古今中外一切文化精华，构建具有中国特色的现代民族文化，向世界和未来展示中华民族的文化力量、文化价值、文化形态与文化风采。

　　为此，在有关专家指导下，我们收集整理了大量古今资料和最新研究成果，特别编撰了本套大型书系。主要包括独具特色的语言文字、浩如烟海的文化典籍、名扬世界的科技工艺、异彩纷呈的文学艺术、充满智慧的中国哲学、完备而深刻的伦理道德、古风古韵的建筑遗存、深具内涵的自然名胜、悠久传承的历史文明，还有各具特色又相互交融的地域文化和民族文化等，充分显示了中华民族的厚重文化底蕴和强大民族凝聚力，具有极强的系统性、广博性和规模性。

　　本套书系的特点是全景展现，纵横捭阖，内容采取讲故事的方式进行叙述，语言通俗，明白晓畅，图文并茂，形象直观，古风古韵，格调高雅，具有很强的可读性、欣赏性、知识性和延伸性，能够让广大读者全面接触和感受中国文化的丰富内涵，增强中华儿女民族自尊心和文化自豪感，并能很好继承和弘扬中国文化，创造未来中国特色的先进民族文化。

2014年4月18日

文化底蕴——琼岛工艺

魅力绽放——琼州风韵

古老历史

海南岛是在印支运动、燕山运动和喜马拉雅运动的强烈作用下，大约在500万年前基本形成的框架。在距今40万年时，海南岛还与大陆紧紧相连，昌化江流域是人与万物生灵共舞的乐园。

一些动物化石足以证明两广地区的动物通过琼州海峡陆桥抵达海南岛，之后由于构造运动频繁，海南岛南部到雷州半岛都有火山玄武岩喷发，逐步与大陆脱离。

2万年前，当陆桥断裂，海南成为孤岛的时候，昌江大地也是海南古人类最早点燃文明圣火的家园。2万年以来，这把远古的圣火薪薪相传，智慧的灵光永不熄灭！

昌化江孕育琼岛远古人类

　　昌化江，也称"昌江"，是海南岛的第二大河，它发源于海南琼中黎母山空示岭。

　　横贯海南岛的中西部，河流自东北向西南流经琼中五指山，在乐

■ 昌化江之源

东县转向西北，最后从东方市穿过昌江县的昌化港西流入南海，在入海口冲出一个广阔的喇叭口。

黎母山自古以来就被誉为是黎族的圣地，海南的名山。

相传天上七仙女曾来此山游玩，其中桃花仙女迷恋此山美丽富饶，认为可以繁衍人类，便化为金南蛇产下一卵，后经雷公划破，跃出一位少女，号称"黎母"，从此诞生黎族人。

昌化江支流众多，流域内的较大支流左岸有南满水、通什水、乐中水、大安水、南巴水、东方水、右岸有南绕河、七差水、石碌水。

流域内集水面积大于100平方千米的支流有10条，其中通什水集水面积最大，石碌水次之。集水面积分别为660平方千米和546平方千米，其他均在400平方千米以下。

有山有水的环境非常适宜古人类的生存和繁衍，作为海南岛第二大河的昌化江及其支流流域，为古人类提供了丰富的生产资料和生活物资。

昌化江边的信冲洞，发现有巨猿化石，虽然只有

■ 五指山瀑布

黎母山 海南岛绵延最长的一组山脉，整组山脉位于岛中部偏西南一带。自古以来被誉为黎族圣地，黎族人民的始祖山。古代星宿与地学家认为，天上二十八宿之一的女宿对应着黎母山，故古称为"黎婺山"。黎母山四季如春，冬暖夏凉。

夹砂陶 古代陶器的一种。为使陶坯烧制受热时不易裂开，特意在陶土中掺入一定数量的砂粒和其他碎末，所以称这种陶器为"夹砂陶"。陶胎含砂能提高陶器耐热急变的性能，不但能耐高温焙烧下不变形，而且制成的陶器再次受热也不碎裂，可做炊器。

一枚微不足道化石，却足以证明40万年前海南岛与大陆依依相连。

信冲洞位于昌化江支流南阳溪的转弯处，西距昌化江约1千米，河面相对高度约20米，因南阳溪的不断冲刷和侵蚀，洞下山体形成了近于90度的坡度，垂直立于混雅岭南面的峭壁上，这种河流转弯处也是人类栖息的最理想之地。

在信冲洞及其附近，发现有巨猿、熊猫、猩猩、鬣狗、犀牛、獏、象、硕豪猪等近20种哺乳动物化石。距今40万年前至60万年前，地质时代为更新世中期，由此证明40万年前海南岛是与大陆依依相连的。

在信冲洞近20种哺乳动物化石中，尤以巨猿化石最为珍稀。

■ 远古猿人塑像

巨猿是与人伴生的灵长类物种，对研究古人类的进化有重要价值，根据巨猿的生理特性，可以推测40万年前的海南岛，分布着茂密的原始森林，存在广域的沼泽地、还有大面积的空旷草地，物种丰富，与大陆相连，是我国最南端的人类乐园。

昌化江支流南阳溪也发现混雅岭和燕窝岭旧石器遗址，有石核、砍砸器等3件石制品属于旧石器晚期遗址，距今约2万年左右，是我国最南端一处人类活动的临时营地。从燕窝岭和混雅岭的地层中发现的文化遗迹和地表采集的一些夹砂陶片，证明了古人类在该地区生活的连续性。

钱铁洞位于海南省昌江县王下乡钱铁村旁钱铁山半山腰，洞口向东，高约12米，宽约20米，深约60米。洞分上、下两洞，是旧石器时代晚期古人类生活的遗址。

在钱铁洞遗址中，发现了大量螺类动物壳，被认为是洞穴螺类动物的遗址，另外还有少量打制石器和近百件精制石器，对于研究海南古人类文化内涵有着重要的意义。

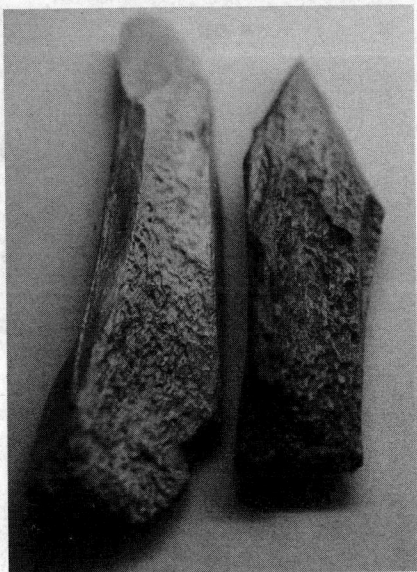
■ 旧石器时代的尖状石器

钱铁洞下洞发现的旧石器时代的文化遗物100余件，其中有石核、石片、刮削器、砍砸器、手镐、石锤和石砧等，在上洞还有一些石片、烧骨和动物化石碎骨。

根据地层和石制品的文化特征，昌江钱铁洞石器属于旧石器时代晚期，距今大约2万年左右，它与北京周口店的山顶洞遗址属于同时代的遗址，说明海南岛2万年前就有古人类活动。

钱铁洞石制品的特征属于砾石文化。手镐是我国华南地区旧石器时代早期与中期的重要石器类型。钱铁洞遗址发现的手镐，为研究华南地区的旧石器文化提供了重要的材料。

砍砸器 是旧石器时代的一种形体较大，形状不固定的工具，器身厚重，有钝厚曲折的刃口，可起到砍劈、锤砸和挖掘等多种作用，因而可以用于砍树、做木棒、挖植物块根、砸坚果等工作。将砾石或石核边缘打成厚刃，用以砍砸。常见于旧石器时代和新石器时代的遗址中。

■ 旧石器时代的砍砸器

　　五指山方上村位于昌化江边上，周围群山环绕。方上村发现有一长一短两件石器，长的约25厘米，表面光滑；短的约6厘米长，有豁口。它们的宽度都在5厘米左右。

　　从打磨的技术来看，这两件石器应该是新石器时代的"有肩石斧"，因为新石器时代的石器比旧石器时代的做工要精细得多。它们距今大约有6000多年的历史，这说明至少在4000年以前，当地已有古人类活动。

　　新发现的这些新石器时代的文化遗物，说明了从旧石器到新石器时代都有古人类在昌江一带生活。

滨海风光

琼州文化特色与形态

阅读链接

　　昌江信冲洞的巨猿化石无疑是年代最古老的珍贵文物。早在1995年，七叉镇保由村民符益民在信冲洞抓蝙蝠时在洞内捡到若干块动物骨骼。

　　1998年，省文物保护管理办公室、昌江黎族自治县博物馆的考古工作者经过调查，初步认定该洞为一处动物化石点，有的化石上留下一些类似人工敲砸痕迹，遂立即委托昌江县博物馆严密保护化石出土地点信冲洞，等待技术成熟就展开正式的考古发掘。

落笔洞反映新旧石器文化

　　落笔峰位于海南岛最南端的一片丘陵山地中，这片山地地势自北向南倾斜，诸多河流由北自南汇流入海。　落笔洞遗址就位于落笔峰上一座石灰岩孤峰的南坡。

■原始人类生活场景

文曲星 星宿名之一。我国神话传说中，文曲星是主管文运的星宿，文章写得好而被朝廷录用为大官的人是文曲星下凡。文曲星属癸水，是北斗星，主科甲功名，文曲与文昌同属为福星，代表有文艺方面的才能或者爱好文学及艺术。

落笔洞洞外古树参天，蝉翼惊秋，鸟鸣山幽，依稀中似有股仙气缭绕，传说有位高僧看中此地，于功果圆满后在此禅化，又有说有真经入祠，封于岩层深处，日后遇主自开，还有说有巨人足迹进出山洞。

沿着洞前的斜坡进入落笔洞，只见洞口高约12米，宽8米，深18米，洞顶往里逐级升高到20米，在极高处有两根钟乳石，形似两枝悬吊的毛笔，洞底地上数块平面大石，形如砚台，传说这是"神仙"用的笔砚，"落笔洞"因而得名。

落笔洞一直流传一个善恶报应泾渭分明的故事：

古时，文曲星君双手握着神笔在彩云上潜著天经仙典，因神疲力乏，神笔脱手落于印岭，变成洞顶垂伸的两支巨大的石笔，下尖不断滴下仙水。

仙人定下誓言：仙水只给诚实勤劳的人，以发

■ 落笔洞遗址内的原始人类狩猎场景

家致富，延年益寿；而对权贵恶劳者，滴水不赐。

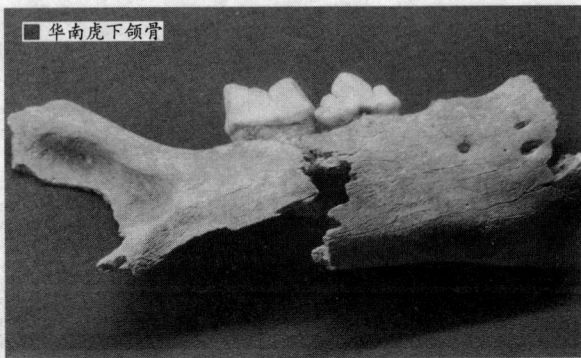
■ 华南虎下颌骨

附近有位贪婪十足的财主，他手捧金盆进洞，看到巨笔尖下仙水连珠，满以为此生天赐福分无边，可当他双手捧金盆接水时，笔尖滴水顿停。

他一连站了几个时辰，总无仙水滴下。可当他收盆转身，笔尖又滴水连珠。财主恼怒极了，带家丁打手，用大锤打断笔尖。从此，石笔无锋，仙水消歇。财主回家后，家道年年衰落，他在穷困潦倒中一命呜呼。不知过了多少年，仙人为了辅助诚善勤劳的百姓，便又使两截悬笔长年滴水……

只可惜的是两根"巨笔"在后来遭到破坏，洞顶仅存半截残迹。

落笔洞有不少石刻，据《崖州志》记载：

洞左刻"落笔洞"三字，字大尺余，未知何人所题，旁有"维山"二字，余模糊莫辩。

其中"落笔洞洞洞笔落""尖峰岭岭岭峰尖"两句诗，顺念与倒念是一样的，颇有意味。在落笔洞西面壁刻有：

盘石凌空列翠屏，呀然一洞野云屭。

乳悬自结乾坤液，怪石犹疑蛟唇精。

天马高蹲岭树碧，玉泉细溜石苔青。

奇观海上神仙宅，落笔应知亦浪名。

■ 落笔洞遗址出土的环状石器

此诗后有：

成化庚子正月之晦，钦差督学校广东按察司佥事晋江赵
瑶书的字迹。

另一首诗曰：

仗剑登临石径微，仙风阵阵袭征衣。

日筛峰顶金千缕，云锁山腰玉一围。

啖果玄猿惊客啸，衔花青鸟傍谁飞？

欲传彩笔无缘梦，强步前题载咏归。

右署：

大明成化己亥岁仲秋守崖千户洪爵和前韵。

落笔洞遗址内堆积分为三层，其中第二层灰色沙质土为主要的文

化层堆积，在这厚约1.5米至2米的灰色胶结层中，除发现13枚人类牙齿化石、动物化石外，还发现了一批石、骨、角制品等文化遗物及用火遗迹。

遗址区内的石制品有200多件，主要为打制生产。有砾石石器和石片石器两类，包括石核、石片、尖状器与石锤等。骨角制品丰富，有铲、锤、锥、匕等多种，以切割、打制与刮磨等方法制成。主要用来剪断、切割、刮磨、锥孔等用途。

这些以火山岩和黑曜石为原料的打制石器，如果以其用途来分，可分为三大类：石核状的砾石主要用来直接锤、敲等用途；弧刃、凹刃、凸刃、直刃状片石主要用来砍、刮等用途；锥状的利石主要用来打磨、琢凿、穿孔等用途。

哺乳动物化石45种，水生动物24种，其中螺壳数量达7万多个。动物化石中有许多如华南虎和亚洲象等大型哺乳动物，其中包括已绝种的貘，是全岛发现哺乳动物化石种类最多的史前遗址。

经测定，落笔洞遗址的遗物和堆积物年代距今约1万年，在文化发展时序上处于旧石器时代末期至新石器时代早期的过渡阶段。

堆积物中含大量螺、蛤、蚌壳，石器绝大多数为打制，骨、角器以磨制较多，未发现陶器，大型哺乳动物化石较多

石核 也称砾石石器。从砾石或石材上打下石片，以剩下的石核作为工具来使用。我国曾出土的三棱大尖状器系从两面或三面交互打击加工成形的。习惯上把两面刃的砾石石器称为敲砸器，单面刃的称为砍砸器，在砾石周缘加工，则成为圆形的石球，但以上的用途分工并不明显。

■ 落笔洞遗址出土的骨铲

等特点，说明狩猎生产在落笔洞人经济活动中占有重要的地位，而且捕捞活动较兴旺发达。

老虎、巨鸟、大象、古人，同在海南岛的茂密森林生活，巨木擎天，虎啸猿啼，鹿鸣呦呦……男人外出狩猎时，洞穴里的妇女老人小孩守在灶边，用石头、骨锥敲开各种海贝蚌蛤，干枯的树枝在熊熊火焰中"噼啪"作响……

落笔洞洞穴遗址内涵特征为："三亚人"主要从事狩猎、捕捞和采集的生产活动，过着原始的穴居生活。

海南岛的石器时代遗址和遗物地点，按其所处的地理环境和遗址特征，可分为洞穴、台地和沙丘三种类型。在年代上，洞穴遗址早些，但数量最少；台地遗址较晚，数量最多。

落笔洞遗址在文化发展时序上处于旧石器时代末期至新石器时代早期的过渡文化性质，也是我国最南端的一处史前文化的洞穴遗存。

阅读链接

关于落笔洞的来历，黎族人民还流传着一个英雄故事。

一位名叫董亚律的人，因不满官府欺辱，他率黎族青年用弓箭、石头、山刀和官兵搏斗。无奈寡不敌众，只得且战且退。退却中，突然被一座巨大山石挡住，形势急下，董亚律拔出弓箭对准巨石，怒射一箭，巨石被射开一个大洞。他们以洞为依托，继续与官兵斗争，最终取得了胜利。

获胜后的董亚律却没走出洞，他进洞时身上带的两支笔，后来就变成了两支如笔的石柱，悬吊在洞顶，日夜滴水，被后人称为神仙之笔。

传说喝了仙水的人会一生平安。有一次，一个无恶不作的财主，由于接不到神水，一怒之下，用手把笔尖打断，他后来也没了性命。"落笔洞"便由此得名。

新石器时代文化一脉相承

  海南岛新石器时代早期遗存主要为贝丘遗址，数量少，只在东方、乐东等地有少量发现。如新街贝丘遗址是较重要的文化遗存，遗址坐落在东方市北黎河入海口仅2.5千米处。新街遗址临河靠海，海边

■海南博物馆陶瓷

■ 陶鬶

滨海风光

琼州文化特色与形态

圆底器 指陶器底部为圆形而向外凸出者。这种形式的陶器底部，在我国新石器时代中期已普遍出现，如红陶盆、钵、罐等器皿中较多。圆底沿袭的时间较长，到战国时期仍有，所以是我国早期陶器底部的主要造型。

的螺、蚌、蚝蜊等成为古人主要的食物来源，因而在文化层堆积中发现大量的贝壳遗骸，被称为"贝丘遗址"。

遗址分布范围较大，约16000平方米。距地表0.4米至1米的文化层中含有大量螺壳、贝壳和烧土、炭屑、烧骨，以及打制石器、陶片等遗物。石器仍是用打击法制成，少见磨制石器。

新街贝丘遗址的陶器都为夹砂粗陶，以灰褐陶为主，火候一般，陶质脆松，壁厚不匀。器形甚少，以圆底器为主，一般为素面，有少量装饰有粗绳纹。

这些粗绳纹或有加固等实用价值，或是用于美化陶器的，表达了先人们原始的审美意识。

海南贝丘遗址典型的还有陵水石贡贝丘，站在石贡遗址，不由会感叹先人慧眼独具，选择了一个良好的栖息地。他们在莽莽丛林中，四处迁徙，或沿着河流走，或沿着海岸走，寻找最佳的落脚点。

4500多年前，一群先人来到陵水南湾半岛的西北角，在一个背靠南湾岭，南临新村港的沙丘上，沿海而居。南湾半岛弯曲起来像一个巨大的臂膀将新村港半圈起来，将汹涌波涛挡到了外面，港内风平浪静，水浅且清，古时一定鱼贝成群，先人取之如探囊取物。

石贡遗址沿海边沙丘呈狭长形分布，面积近20000平方米。文化层厚约0.6米至1.5米，分为3层，其中的遗物十分丰富。文化层内含有大量螺、蚌、贝壳、兽骨和石器、陶器等。

磨制石器较多，器形中常见石斧、石锛，多以梯形为主，通体磨光，器体较小。

陶器数量增多，几乎均为夹砂粗陶，这是海南岛新石器时代陶器的显著特征。其中粗砂红褐陶最多，见少量的细砂陶，未见几何纹印陶。

陶器全为手制，火候已较高，器壁厚薄较均匀。器形品种增加，如常见的有罐、钵、碗、盆，以及纺轮、网坠等。

当时石贡先人流行使用圆底器、平底器，而不见三足器。器表一般打磨光滑，纹饰不发达，以素面为主，有少量划纹、镂孔等。

值得一提的是，该遗址发现了房址、柱洞、灰坑和陶轮等遗迹现象。这说明，石贡人已开始建房过上定居的生活，还开始纺织衣物。

海南岛上的新石器时代中期的遗址，还有陵水大港沙丘遗址、定安佳笼坡遗址、五指山毛道散布在通什河左岸

■ 古代夹砂陶

石锛 磨制石器的一种，表面较粗糙，顶端和两侧都有长条平面，正面稍凸弧，背面平，刃缘斜向，正面有刃脊。装上木柄可用作砍伐、刨土。是新石器时代和青铜器时代主要生产工具。

篮纹 新石器时代陶器的装饰纹样。因其形如竹篮的条状纹，故名。用刻有横条纹的陶拍在半干的陶坯上拍打，烧成后器物的表面就有重叠和交错的篮纹。

■ 原始人类使用的石斧

的5处遗址。

这一时期的文化遗存有沙丘、贝丘、台地山坡类型之分，前者的基本经济生活仍是捕捞、狩猎和采集，而后者在时间上晚一些，主要从事狩猎、采集，捕捞活动已不突出。

新石器时代晚期遗址大部分属于台地、山坡类型，主要分布在昌化江、南渡江、陵水河、万泉河等江河及支流两岸，山坡一般高约8米至30米，既临河，又躲避河水泛滥之灾。这里土地肥沃，水源充足，是从事原始农业生产的最佳选择。

新石器时代晚期文化遗存在海南岛分布较广，数量较多，全岛各地均有发现。其中的重要代表遗址是陵水新村，其石铲、石犁等大型磨制石器，说明原始农业出现；除了夹砂陶还有泥质陶、几何纹陶。

这一时期发现的遗物非常丰富，石器类繁多，通体磨光，型制规整，加工精良。其中大多都是用于农业生产的，如石斧、石锛、石铲、石犁和石磨

盘、砺石等。此时人
们几乎不再使用简单
打制的石器了。

　　为了适应生产的
需要，石制工具渐趋
大型化，结构也做了
改进。如石斧、石锛
流行长身和有肩两种
结构，有的石锛是有
肩有段型的，颇具地方特色。这些大型生产工具主要
用于砍伐树枝和开垦荒地。

■ 古代陶罐

　　遗址中的石镞、石矛、石戈等工具，磨制精良，
锋刃锐利，反映当时狩猎技术又有了新的改进，狩猎
在生活中仍占有一定地位。

　　为了从事农耕生产，先人远离海滨，不再捕捞
海生贝类生物为生，而是迁至江河边。从石网坠、
陶网坠和骨梭说明，此时仍有捕捞活动，但以淡水
生物为主。

　　陶器在日常生活中已广泛使用，器类繁多，分夹
砂陶和泥质陶两种。泥质陶陶色有红褐、灰褐、黄褐
之分；有手制也有轮制；火候很高，表面磨光，有篮
纹、划纹，并出现简单的水波、方格等几何印纹。还
发现了石、陶、骨质的装饰品。

　　海南岛原始文化遗存当属华南地区史前文化范
畴，尤其与岭南两广地区有密切关系。特别是新石器
晚期发现大石铲的遗址和两广地区以大石铲为特征的

几何纹 几何图案
组成有规律的纹
饰。春秋战国时
期，几何纹在其
他纹饰衰退后成
为主体纹饰。几
何纹主要有连珠
纹、弦纹、直条
纹、横条纹、云
雷纹等。

戈 我国先秦时
期一种主要用于
勾、啄的格斗兵
器。流行于商至
汉代。其受石器
时代的石镰、骨
镰或陶镰的启发
而产生，原为长
柄，平头，刃在
下边，可横击，
又可用于勾杀，
后因作战需要和
使用方式不同，
戈便分为长、
中、短3种。

■原始人类打制石器场景

遗址在文化特征上基本相同。

然而，与两广地区相比，海南的史前文化发展较为缓慢，各阶段的文化之间存在缺环，年代序列不甚至明确，缺乏自身演变、发展的连续性和继承性，突显出文化渐变进程中滞后的特点，在时间上也较两广地区要晚。初步推算，海南岛新石器时代最早约在6000年前，比广东要晚一两万年。

由于海南的青铜、铁器冶炼技术欠缺，青铜器时代、铁器时代较模糊，所以海南岛新石器时代晚期遗存中的某些文化因素，一直延续至2000多年前的秦汉时期才逐渐消失。

阅读链接

世界各地发现的贝丘生活方式，最初都是在冰川消退以及史前人类猎取的更新世大型动物消失以后发展起来的。

在贝丘的文化层中除夹杂着贝壳、各种食物残渣以及石器、陶器等文化遗物，还往往发现房基、窖穴和墓葬等遗迹。由于贝壳中含有钙质，致使骨角器等往往能保存完好。根据贝丘的地理位置和贝壳种类的变化，可以了解古代海岸线和海水温差的变迁，对于复原当时自然条件和生活环境也有很大帮助。

黎族先民最早开发海南岛

黎族是我国岭南民族之一。主要聚居在海南中南部的琼中县、白沙县、昌江县、东方市、乐东县、陵水县、保亭县、五指山市、三亚市等七县二市之内，其余散居在海南万宁、屯昌、琼海、澄迈、儋州、定安等地。

■黎族耕种图

■ 古代海南先民生活画面

弦纹 古代陶器纹饰。弦纹是刻划出单一或若干道平行线条，排列在器物的颈、肩、腹、胫等部位。弦纹广泛应用在新石器时代陶器上，在青铜器上呈现为凸起的横线条。弦纹有细弦纹和粗弦纹两种。细弦纹像一条细长的带子平缚于陶器之上；粗弦纹作宽带状，中间呈凹槽状，犹如板瓦，亦称瓦纹。

黎族源于古代百越的一支。西汉时期曾以"骆越"、东汉以"里""蛮"，隋唐时期以"俚""僚"等名称泛称中国南方的一些少数民族。海南岛的黎族先民也包括在这些泛称之内。"黎"这一专有族称始于唐代末期，至宋代才固定下来。

海南岛最后的原始石器文化遗址有130处，大约距今5000年左右，内含丰富的原始遗物，这些遗物是黎族先民最早居住并开发了海南岛的证据。

秦汉时期，海南岛同汉王朝关系密切，部分大陆汉人迁居海南岛，与黎族土著居民杂居。大量移民的迁入，带来了先进的铁器生产工具和农耕生产技术，使海南先民从海猎逐渐走向农耕文化。

在海口琼山甲子镇仙民村东的仙沟岭上，有一处青铜时代的墓葬群，该墓群是海南发现的面积最大、年代最早的古代墓葬群，名为"仙沟岭墓群"。

墓葬群形制为长方形竖穴土坑状，墓坑较浅，规格一般长2.5米，宽1.2米，它们排列整齐有序，有着统一的方向，即东西走向。随葬品大都放置在死者的头部和脚部，器物以陶器为主，主要有印纹陶罐、陶釜、陶碗等；陶器的纹饰有同心圆纹、云纹、雷纹、菱形网纹、米字形纹和方格纹等。

"仙沟岭墓群"的文化特征与广东省肇庆、佛山、深圳等地发现的米字纹陶类文化的墓葬及其遗物有着极其相似的共性，但是海南省青铜文化的产生时间可能较广东地区来得更晚一些，也许会滞后许多，抑或至汉代。

汉代，瓮棺葬是海南特有的墓葬。其特点为"两瓮一釜"：瓮为灰黑色的硬陶，高50厘米，口径30厘米至35厘米，腹径45厘米至60厘米，底径30厘米至40厘米。侈口，肩部附有四横耳或三角状耳，瓮身纹饰有水波纹、周弦纹及曲尺形纹饰；釜为敞口寰底素面夹砂粗陶，高40厘米，口径50厘米，底径52厘米。瓮釜相套，中间一瓮底部打通。

海南发现被明确定为汉代墓葬的有5处，分别是陵水的"福湾墓群""军屯坡墓群""孟坡墓群"、白沙的"志针墓群"和三

云纹 是我国古代青铜器上一种典型的纹饰。云纹的基本特征是以连续的"回"字形线条所构成，作为圆形的连续构图，单称为"云纹"，与雷纹常作为青铜器上纹饰的地纹，用以烘托主题纹饰。也有单独出现在器物颈部或足部的。

■ 古代侈口陶壶

冼夫人塑像

亚市藤桥镇的"番岭坡墓群"，都是瓮棺墓葬。

南北朝和隋朝初期，中央政权对海南岛的控制更加巩固，高凉太守冯宝的妻子、俚僚领袖冼夫人起了重要作用。

冼夫人深明大义，致力团结，密切中原与海南岛的关系，促进了黎族社会经济的发展。她还一直是丈夫政治和军事上的好助手。

在澄迈县老城镇富昌村附近有一块墓地，墓地中有一座最为显眼的石墓，底座有3层八边形玄武岩石基，最上面一层每边还可有"乾""坤"等八卦。其上为圆形黑色石头干砌而成，顶部为穹窿形。这是海南当地百姓对冼夫人敬仰有加，砌筑衣冠冢来怀念。

唐宋时期，海南岛与朝廷关系更加密切，与此同时，黎族地区的古代经济进一步成熟，海南岛于是成为唐朝与南海诸国贸易往来的交通要冲。

滨海风光

琼州文化特色与形态

阅读链接

黎族自古就生活在海南，虽然没有本民族文字，但创造了丰富多彩的口头文学。其形式活泼，题材广泛，内容丰富，世代相传。主要包括故事、传说、神话、童话、宗教家谱等。

比较著名的有《人龚的起源》《五指山大仙》《洪水的传说》《甘工鸟》《鹿回头》等。既反映了社会历史，总结生活经验，传播各方面的知识，丰富了人们的精神生活，也寄托了黎族人民的美好希望和追求。

文化融汇

　　海南开发很早。秦始皇在公元前214年便在海南设郡，从此中原文化便开始在海南岛扎根，与海南本地民族文化互相滋润融汇，这是海南文化的主流。所以，海南的特色文化源远流长。海南的文化较有特色的有：中原文化、本地民族文化、流放文化、移民文化等。

　　在漫长的历史长河中，海南这块热土，曾经活跃过一大批流放名人，留下了丰厚的历史文化遗产，如吴贤秀、韦执谊、苏东坡等。另外，还有黄道婆等，也将琼州文化发扬光大。

韦执谊居琼倡导开发海南

韦执谊，唐代京兆人，顺宗李诵朝宰相。他是"永贞革新"的主要成员。唐代的长安韦氏是个"宰相世家"，传说出过14位宰相。

韦执谊生于769年，20多岁进士擢第，又应制测试中高第，拜右拾遗，后召入翰林为学士。德宗皇帝爱惜韦执谊年轻有才学，常与他一起赋诗填词，颇得信用。

唐代柳宗元画像

当时，皇太子的侍读王叔文关心国政，嫉恶时弊，与韦执谊相交甚笃。还有刘禹锡、柳宗元、程异等数人，皆与王叔文、韦执谊相善，是当时朝中有革新思想的一派政治力量。

后来宪宗继位，王叔文、韦执谊等革新派改革失败，805年，韦执谊被贬为崖州司户参军，同年9月，他随带两位夫人和3个儿子及弟弟、侄子等人同赴贬所。

作为宰相的韦执谊流放到崖州后，时刺史李甲念他德高才重，任用为"摄郡事"。韦执谊"临民唯谨"，一反"旧宰相谪外，鲜留心政理"的常态，为崖州的开发建设做出了突出贡献，居崖期间教民开垦荒地，兴修水利，对海南开发有所贡献。

《大唐传载》及《唐语林》都记载，韦执谊当时被尊称为"韦崖州"。

025

韦执谊到崖州，定籍郑都后，看到当地文化极端落后，常向其部属及当地人宣传中原文化，提倡攻读诗书，这对崖州人民的文化启蒙产生了一定的作用。

韦执谊是重视人才的贤相，曾以"买死招生，腾方必至"为韵写了一篇《市骏骨赋》，表达其重视人才的思想。他认为人才是不易得的，现在虽被贬来海南，但他重视人才的思想并不泯灭。

韦执谊引导当地人民，办起里学。韦执谊当时兴办的里学，从唐朝以来从未关闭过，在这里念过书的孩子可以说是成千上万，这个学堂成了当地礼仪好学的一个标志。

当时崖州羊山地区，原无"羊山"之名，那里

柳宗元（773年—819年），唐代杰出诗人、哲学家、儒学家乃至成就卓著的政治家，唐宋八大家之一。因为他是河东人，人称"柳河东"，又因终于柳州刺史任上，又称"柳柳州"。柳宗元与韩愈同为中唐古文运动的领导人物，并称"韩柳"。

■ 农作物黍子

羊 最通俗或民间化的象征意义便是"吉祥"，至少从汉代开始，羊就与吉祥联系在一起，汉代瓦当、铜镜等铭刻中多见。吉祥有时直接写成"吉羊"。羊是带角的动物。角是许多民族尤其是原始民族的崇拜之物，人类创造的神里有许多都带角，如我国古代战神蚩尤就是著名的带角的神与祖先。

是山冈绵亘地带，灌木多，青草密，是千古沉睡的山区。韦执谊到那里巡视，看到如此景象，就想这里要是发展畜牧业，人民生活就能改善，只要买到了羊，就不愁饲料，可以养家，于是便教当地农民牧羊。

在韦执谊的倡导下，农民们一传十，十传百，互相仿效。牧羊的人越来越多，到处出现了羊群，形成了畜牧业。于是这一带山区便被称为"羊山"。

他还把自己所熟悉的农业耕作知识传给农民，如关于各种作物生长时节和精耕细作的方法；他还结合羊山区缺水的特点教导农民引种耐旱的黍子和毛薯。羊山地区后来广泛种黍。

韦执谊还教导当地农民耕种要掌握好季节，使农民懂得了二三月份种黑豆、芝麻，十二月份种甘蔗，而七八月份种番薯，更是好季节。后来，龙塘镇仁玉等乡的老农中，还称颂韦执谊为"羊山祖师"。

那时在崖州郑都南边有个水塘，名叫"岩塘"。塘水从高山岩石间涌出，四季清澈，涌流不断，积水一望无际，但是很少被利用。

岩塘附近有一大片空旷的坡野，即当时沿称的打铁坡，位于龙塘镇、龙泉镇、美仁坡三镇之间，那里有广大的田野。

传说东汉马援渡琼时，曾安排部分士兵工匠在这一带修理兵器农具，打铁叮当之声响彻四方，故被称为"打铁坡"。

而当时这一带的情况是：在岩塘是川泽涟漪，越流越涌，水势大而无用；在打铁坡是田地居高，旱则无法灌溉，涝则排泄无所，由于耕种困难，农民生活苦不堪言。

韦执谊决心用人力改造山河，利用岩塘水把打铁坡改造成良田。

他四处奔波，察看地形，进行测量规划，并着手筹款，雇工开凿岩石，用石砌成堤岸，创筑岩塘水陂一条，引岩塘泉水灌溉打铁坡。

韦执谊创筑崖塘水陂，引水灌田，把原来耕种的旱地变成了水田，使广大农民获得利益，国家的粮

马援（前14年—49年），字文渊，东汉开国功臣之一，扶风茂陵人，因功累官伏波将军，封新息侯。新莽末年，天下大乱，马援初为陇右军阀隗嚣的属下，甚得隗嚣的信任。归顺光武帝后，为刘秀的统一战争立下了赫赫战功。天下统一之后，马援西破羌人，南征交趾，即越南，其"老当益壮""马革裹尸"的气概甚得后人崇敬。

■ 古代学堂

■ 崖州石牌坊

税增加。可惜岩塘水利的总体工程尚未全部建成，韦执谊就病逝了。临终时，他嘱咐后代应设法完成水陂的建设，以继遗志。

民间还传说，韦村附近的圣莲塘，原叫"香莲塘"，因有莲花盛开，香气芬馥而得名。后因为韦执谊在此地创里学以教诸生，不但使儿童竞习歌咏，青年、成年也有来求教的，甚至周围的学者也前来求教。

韦执谊有时引导诸生或学者观赏香莲塘周围景物，使此地成为诸生乐于游览之地。当时韦村便成了传圣人之教的地方。

814年，韦执谊卒于贬所，他死后，墓葬就埋在附近香莲塘的山地上。后代人为了怀念韦执谊被贬后还热心传圣人之教，为开化郑都而呕心沥血，遂将香莲塘改名为"圣莲塘"。

阅读链接

韦执谊是海南岛韦姓的先祖。直至宋代，韦执谊第十八世孙韦魁才继而筑完岩坡塘的水渠。明代又有韦执谊第二十五世孙韦孝、韦弟等在离岩塘500米左右的亭塘，仿韦执谊筑陂的做法，兴资上万，引亭塘的水灌溉农田。

经过1000余年的沧桑变化，渠道仍然灌溉着周边的万亩良田。每到5月份，稻谷成熟金黄一片一眼看不到边，那真正是人间仙境。周围的人们把由这两条新旧沟的水将打铁坡荒坡改造成水田的大片田洋称新旧沟田洋，也称为"韦公田洋"，表示不忘韦执谊及其后代共建两陂引水造田的功绩。

苏东坡谪儋大开琼州文风

苏轼，字子瞻，号"东坡居士"，是北宋时期文学家、书画家。

苏东坡对自己也有个评价："吾上可陪玉皇大帝，下可以陪卑田院乞儿。眼前见天下无一个不好人"。所以，苏东坡一生波澜重重，却始终未曾颓废丧志，一直坚强地活着，并保有他那颗温柔细腻的诗人心。过得快乐，无所畏惧，像一阵清风。

苏东坡一生先后三次遭贬：第一次是发落在黄州；第二次是贬到了岭南的惠州；最后一次是海南岛的儋州。这样一位文化人在晚年来到海南岛，当然受到了海南百姓的尊敬、爱戴与传颂，为海南文化增添异彩。

■ 苏东坡画像

■ 苏东坡铜像

进士　我国古代科举制度中，通过最后一级中央政府朝廷考试的人称为进士。是古代科举殿试及第者的称呼。意思是可以进授爵位的人。隋炀帝大业年间始置进士科目。唐代也设此科，凡应试者称为举进士，中试者都称为进士。元、明、清时期，贡士经殿试后，及第者皆赐出身称进士。

苏东坡因为在政治上的执拗被贬到当时称为不毛之地的儋州，没想到的是，苏东坡的到来掀起了汉族文化向海南传播的一个高潮。

苏东坡1097年至1100年被贬谪到海南时，居住和讲学的场所原来叫载酒堂，位于儋州中和镇，苏东坡在海南谪居3年，在载酒堂开设学馆，讲授诗书，传播中原文化。

苏东坡在载酒堂给海南学子讲学，使得这块"蛮荒之地"开始"书声琅琅，弦声四起"。不久，海南人读书求学蔚然成风，后世才俊辈出。

苏东坡辛勤的劳动不久结出硕果，在其北归后第三年，海南出了第一个举人姜唐佐，不久又出了第一个进士符确，二人均曾是他的学生。

相传他们均曾是苏东坡的学生。宋代海南共出举人13人，进士12人，自此以后，海南在科举中连破天荒，一时成为美谈。

苏东坡离开海南后，为了纪念这位传播中原文化的先驱，海南人民在载酒堂的原址修建了东坡书院。

苏东坡说过，"问吾平生功业，黄州惠州儋州"，由此可见，儋州在东坡的心目中还是占有一席之地的。一个陌生的、甚至是非常不宜居的环境非但没有消磨东坡的人生智慧，反而为其增添了厚重感。

苏东坡在海南时，就这样与山野村夫交谈，与友人下棋唱和，探讨岛内居民的长寿之道与鄙陋风俗，一有机会还是会继续月下漫步的老习惯，空闲无事就到乡间采药。像苏东坡那种人，不管身在何方，生活绝不会乏味。

苏东坡能随遇而安、超然物外，并与海南人民结下了深厚情谊。黎族同胞在城南污池旁的桄榔林中为苏轼盖了一间草房，苏轼称其为"桄榔庵"。

不仅如此，当地百姓还为苏轼送来食物和粗布，供其饱肚御寒。每年腊月二十三是海南百姓的祭灶日，送灶神，他们在拜过神灵之后就把祭肉送给苏轼。

正是因为有海南人民无微不至的关怀和帮助，苏轼在海南才能仍然笔耕不辍，他在儿子的帮助下整理杂记文稿，汇集成了《东坡志林》，他还完成了为《尚书》作注。

举人 本意是指被荐举的人。汉代实行取士制度，无考试之法，朝廷令郡国守相荐举贤才，因以"举人"称所举之人。唐、宋时期设有进士科，凡应科目经有司贡举者，都被称举人。到了明、清时期，则称乡试中试的人为举人，也称大会状、大春元。

■ 海南儋州东坡书院正门

■ 儋州东坡书院

苏东坡在海南的诗作130多首，这其中包括他的和陶诗15首。由此，他终于为自己的和陶诗142首画上句点。

苏东坡一直将陶渊明视为精神知己，他在颍州时就开始了这项工作，离开惠州时，已经写完了109首，最后的15首实在海南完成的。

作为最了解苏东坡的人之一，弟弟苏辙这样评价这些和陶诗："独喜为诗，精深华妙，不见老人衰惫之气。"

同为北宋时期著名诗人的黄庭坚则对东坡的岭南之作发出这样的感慨：

东坡岭外文字，读之使人耳目聪明，如清风自外来也。

对海南的历史进程、风俗习惯影响最大、最有成就的当首推苏东坡。他在海南的地位相当于孔子在中原的地位。在苏东坡居海南的3年期间，他讲学礼，兴教化，将一个文化的不毛之地转换成了才俊辈出之乡。

苏东坡还观察并记录种种原始风俗，甚至包括那些生活在丛林中的原住民。

比如，当地人十分迷信，治病的方法不是看医生而是去庙中祷告，杀牛以祭神。结果每年都有大批从内地运来的牛惨死刀下。苏东坡看到后便将其记录成文字，并设法改变这一风俗。通过苏东坡的倡导，身体力行而改变了当地人的陋习。

同时，苏东坡还对药物进行了研究，并为百姓开方治病，还曾专门向居住在广州城的王敏仲索来黑

■ 儋州"东坡井"

■ 苏东坡画像

绝句 起源于两汉，成形于魏晋南北朝，兴盛于唐朝，当时都是四句一首，称为"联句"，《文心雕龙·明诗》所谓"联句共韵，则柏梁余制"。唐宋两代，是中国经典诗歌的黄金时代，绝句风靡于世，创作之繁荣，名章佳句犹如群芳争艳，美不胜收，可谓空前绝后。

豆，制成辛凉解毒的中药淡豆豉，为民治病，自此以后，当地百姓纷纷种黑豆，后人称为"东坡黑豆"。

当时，中和镇的民众多取洼地的积水饮用，以致常年患病。苏东坡亲自带领乡民挖了一口井，疾病便减少了。

此后，远近乡民纷纷学东坡挖井取水，改变了当地乡民饮用塘水的习惯。后来人民便把那口井命名为"东坡井"。

苏东坡在儋州时，邻居有一个以卖环饼为生的老妇人，手艺虽好，但因店铺地处偏僻，生意一直不景气。苏东坡挥笔为她写了一首七言绝句：

纤手搓来玉色匀，
碧油煎了嫩黄深。
夜来春睡知轻重，
压扁佳人缠臂金。

短短4句，便把环饼的制作过程、饼的形状及味香、色亮、质脆的特点生动形象地描绘出来。老妇人将诗高悬门上，果然顾客如云，生意兴隆。

苏东坡不仅改变了海南人的生活习惯，还积极地改进了海南人的生产劳动习惯。他在其著名《劝和农六首》诗中，苦口婆心，竭诚功说黎族同胞改变"不麦不稷"的状况，"改变朝射夜逐"这种单纯狩猎的劳动习惯，革除陋习，重视农耕，改进工具开垦荒地种植发展水稻生产，这样就会"其福永久"。

苏东坡在海南，所进行的移风易俗活动，是取得了一定成绩的。他北归过润州时，有人问他："海南风土人情如何？"

他回答："风土极善，人情不恶。"

苏东坡在海南时，还写下了著名的《海南万里真吾乡》：

> 九疑连绵属衡湘，苍梧独在水一方。
>
> 孤城吹角烟树里，落月未落江苍茫。
>
> 幽人抚枕坐叹息，我行忽至舜所藏。
>
> 江边父老能说子，白发红颊如君长。
>
> 天其以我为箕子，要使此意留要荒。
>
> 他年谁作地舆志，海南万里真吾乡。

阅读链接

海口府城的五公祠大院内，与五公祠毗邻的有座苏公祠，是为纪念苏东坡而修建。

园内有浮粟泉一眼，相传东坡赴儋州途经此地投宿时，见当地百姓饮城河之浊水，于是察地形而指地说道："依地开凿，当得两泉"。

当地居民掘之，果得清、浊二泉，俱甘甜。一泉清，水泡浮起，状如粟米，称"浮粟泉"；另一泉浊，称"洗心泉"。由于洗心泉味不及浮粟泉，后无人问津，日久湮没，只存浮粟泉，享有"海南第一泉"美称。

黄道婆发扬海南纺织技艺

黄道婆，宋末元初知名棉纺织家。由于传授先进的纺织技术以及推广先进的纺织工具，而受到百姓的敬仰，被后世尊为布业的始祖。

1245年，黄道婆生于上海乌泥泾镇的一个穷苦人家。当时，正是宋元代更替、兵荒马乱之际。然而，承继着祖先勤劳勇敢光荣传统的劳动人民，依然是种瓜播谷、栽桑植棉，男耕女织，黄道婆就是在这样的环境中成长起来的。

黄道婆出生前后，她的家乡便从闽广地区传来了棉花种植。到了黄道婆记事的时候，棉花种植已经普及浙江、江苏、江西、湖南等地，不少妇女学会了棉花纺织技术。

黄道婆由于家境贫寒，而且很

■ 黄道婆塑像

小就失去了全部骨肉亲人，孤苦无依，不得不自小就砍柴做饭、洗洗涮涮，拿针用线，补补连连。她心灵手巧，好学好问，肯动脑筋，善于琢磨。大人干的活计，她看了便能举一反三，迅速通路入门。

本地有人经常穿着棉布衣裤锄草犁田，邻居会纺线的妇女，早就告诉黄道婆，那种棉线布厚实柔软、经久耐用，干活穿极为合适。黄道婆听着总是十分注意，沉思不语，而后，便抓紧向纺棉的成年人学习。

然而，在生活逼迫下，黄道婆不得不到有田地的人家做了童养媳。虽然年纪很轻，可她的劳动经验相当丰富。她每天除了做完家里的活，也还是硬挤时间继续练习纺织技术。没多久，她便熟练地掌握了全部操作工序。

1263年，18岁的黄道婆有一天看到了从闽广运来的棉布，色泽美观，质地紧密，后来又看到海南岛的

乌泥泾镇 宋元时期古镇。位于长桥镇南，华泾镇北，南宋隆兴年间，巨富张百五于此建园林，捐资建桥，导乌泥泾水接黄浦，引水灌附近农田"八千亩"，水陆交通方便，由是形成集镇，为上海西南水陆重镇之一。

■ 黄道婆纺线塑像

黎族、云南高原上的彝族所生产的匹幅长阔而洁白细密的"慢吉贝"、狭幅粗疏而色暗的"粗吉贝"等，不由得对那些地区心驰神往，她暗想：若是能够学到那里的纺织技术该有多好啊！

有了这样南游学艺的志向，黄道婆便确定就此弃乡远航，访求先进纺织技术。半夜，她偷偷从家里逃出来，奔向黄浦江边，躲进一艘商船舱底。第二天清晨，当商船准备起锚时，她从舱底上来，跪到船主面前，苦求把她带到海南。

老船主听黄道婆倾吐了志向，不由得又是敬重又是同情，便点头答应了她的要求。于是，黄道婆登上船头，遥望乌泥泾，洒泪告别了亲爱的出生地，随船南渡。

当时，交通工具简陋，航海技术低劣，黄道婆不避风险，忍着颠簸饥寒，闯过惊涛骇浪，先抵占城，随后到了崖州。她看到当地棉纺织业真的十分兴盛，便谢过船家在海南落了脚。

崖州的木棉和纺织技术强烈地吸引着黄道婆，朴实的黎族人民热诚地欢迎她、款待她。她同这些兄弟姐妹结下了深厚的友谊，也爱上了这里的座座高山、

崖州 我国古代行政区划名，曾多次设置。北宋开宝六年，即973年，改振州置，治宁远县，也就是后来的海南三亚市西北崖城镇，属广南西路。辖境有今海南省三亚市及保亭、乐东两县部分地区。后又改为朱崖军、吉阳军、升为直隶州、废为县等。

片片阔林。

拿起了著名的黎幕、鞍搭、花被、缦布，瞅着那光彩明亮的黎单、五色鲜艳的黎饰，黄道婆爱不释手。为了早日掌握黎族技术，她刻苦学习黎族语言，耳听、心记、嘴里练，虚心地拜他们为师。

黄道婆研究黎族的纺棉工具，学习纺棉技术，废寝忘食，争分夺秒，像着了迷一样，每学好了一道工序，会用一种工具，她的心就仿佛吃了蜜一样。

黎族人民不仅在生活上热情照顾黄道婆，而且把自己的技术无保留地传授给她。聪明的黄道婆，把全部精力都倾注在棉织事业上，很快就熟悉了黎家全部织棉工具，学成了他们的先进技术。

尽管绞尽脑汁、熬尽心血的劳动消耗把黄道婆的一头青丝换成了全部白发，给她丰润的脸上刻下道道

彝族 我国具有悠久历史和古老文化的民族之一，有诺苏、纳苏、罗武、米撒泼、撒尼、阿西等不同自称。彝族历史悠久，文化丰富多彩，古时候就对历法和宗教信仰有着深刻的研究，在常年的发展中形成了自己的饮食和服装文化，经济也得到了发展。

■ 黄道婆向黎族人民学习纺织的雕像

江南 在历史上江南是一个文教发达、美丽富庶的地区，它反映了古代人民对美好生活的向往，是人们心目中的世外桃源。从古至今"江南"一直是个不断变化、富有伸缩性的地域概念。江南，意为长江之南面。在古代，江南往往代表着繁荣发达的文化教育和美丽富庶的水乡景象，区域大致为长江中下游南岸的地区。

■ 黄道婆向同胞讲授纺织技术场景

深而密的褶皱，但她还是精神抖擞，深钻细研，锲而不舍，刻苦实践，三十年如一日，终于成为一个技艺精湛的棉纺织家。

岁月恰似织布快梭，转眼之间，到了13世纪末。元代朝廷实行一些恢复和发展生产的措施，江南经济开始好转。黄道婆这些年在少数民族聚居的地区，顺利地学习成功。

听说故乡安定下来，有了生机，不由又想起那里棉织业的落后情形，内心复活了改变江南技术面貌的原来志向，升起了一股难以抑制的思乡感情。

于是，黄道婆向海南同胞说出了心事，情长谊深的黎族姐妹舍不得离开她，但又理解她，只好压抑着惜别的心情支持她。

1295年的一天，黄道婆告别了第二个故乡，搭船离开美丽的崖州，重返她阔别30多年的长江之滨。

■ 黄道婆三锭脚踏纺车

经过了改朝换代，黄道婆的公婆和丈夫早已先后死去，她一心无挂，只抱着造福于民的善良愿望，不顾晚年体力衰微与生活孤单，回到家乡马上投身于棉纺织业的传艺、改良和创新活动。

乡亲们亲切地欢迎黄道婆满载而归，她更是不辞辛苦，东奔西走，热心地向乡亲们讲述黎族的优良制棉技术，妇女们成天围着她听得倾心入神。她便把自己海南所得，倾囊相授。

同时，黄道婆还把黎家先进经验与上海的生产实践结合起来，努力发挥自己的才能智慧，积极发明创造。对棉纺织工具与技术，进行了全面改革。制造了新的擀、弹、纺、织等工具，刷新了上海棉纺业的旧面貌。

黄道婆把沿用多年的小弓，弓身由0.5米长改为1.3米多长，弓弦由线弦改为绳弦，将手指拨弦变为棒槌击弦。这结实有力的大弓，弹起棉来，铮铮然节奏鲜明，仿佛响起一支好听的劳动乐曲，棉花弹得又松又软，又快又干净。

■黄道婆塑像

在纺纱工序上，黄道婆创造出三锭脚纺车，代替过去单锭手摇纺车。脚踏的劲头大，还腾出了双手握棉抽纱，同时能纺3根纱，速度快、产量多，这在当时是世界上最先进的纺车，实在是个了不起的技术革命。

在织布工序上，黄道婆对织布机也有一定的改革。她借鉴我国传统的丝织技术，吸取黎族人民织"崖州被"的长处，与乡亲们共同学习研究错纱配色、综线挈花等棉织技术，织成的被、褥、带、帨等上面有折枝、团凤、棋局、字样等花纹，鲜艳如画，"乌泥泾被"名驰全国。元代诗人曾热情地加以赞扬：

崖州布被五色缫，组雾紃云粲花草，
片帆鲸海得风口，千轴乌泾夺天造。

阅读链接

黄道婆的一生刻苦学习研究、辛勤劳动实践，有力地影响和推动了我国棉纺织业的发展。她的业绩在我国纺织史上灿然发光。人民热爱她、崇敬她，在她逝世的时候，大家怀着悲痛心情，纷纷捐资把她安葬在上海县曹行乡。

上海群众曾不断地为她兴立祠庙，其中规模宏大的先棉祠，每年4月黄道婆的诞辰，都有人接踵赶来致祭。多少年来，人们感念黄道婆的歌谣，一直传颂不止：黄婆婆，黄婆婆，教我纱，教我布，两只筒子两匹布。

海南四绝

历史上，最著名的海南本土人物，当为海南四大才子，又被称为"海南四绝"，即著绝丘濬、诗绝王佐、忠绝海瑞和书绝张岳崧。

除此之外，一代道祖白玉蟾经过多年苦修，终成一位集儒、释、道三教文化于一体的道教大宗师。

白玉蟾苦修成一代道祖

白玉蟾是南宋时期道人。祖籍福建闽清县，出生于海南岛琼州，后来母亲改嫁，继为白氏子，遂易名"白玉蟾"，号海南，又号琼山道人。

白玉蟾幼天资聪敏颖异，7岁能诵九经，12岁举童子笠。再后则遇泥妨真人陈翠虚，携入罗浮，9年始得其道，相从遍游江南名山胜地。

白玉蟾自小不仅诗、书、画、术样样精通，而且水性极好，当地无人能比。他潜入水中可以换气，潜水好长时间不出来，又能游到很远的地方才出水，有时竟不见他浮出水面。

同玩伙伴往往惊惶失措，吓得要命，但每每他都安然无恙返回，令

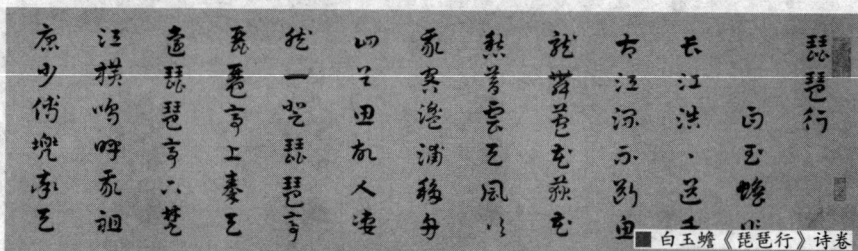

白玉蟾《琵琶行》诗卷

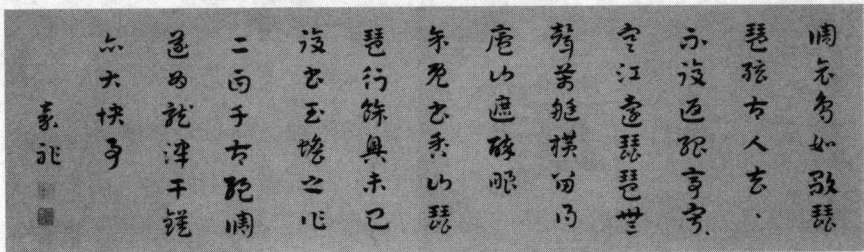

■ 白玉蟾《琵琶行》
诗卷

一日，不知所往。平生"蓬头跣足，一衲弊甚"，然神清气爽。每往来于名山大刹，神异莫测，时称其"入水不濡，逢兵不害"。

1222年4月，去京城临安，"伏阙言天下事"，此后，白玉蟾便致力于传道授徒，设立教区组织。

白玉蟾博洽群书，能诗善赋，工书擅画。为人豪爽侠义，狂饮而不醉，常乘酒兴即席挥毫，所作篆、隶、草书，所画人物、梅竹，恣肆超妙、奇拔俊逸，在闽浙、粤、赣、鄂一带颇有影响。

关于白玉蟾的卒年、寿数，其弟子彭耜在《海琼玉蟾先生事实》中说："绍定己丑冬，或传先生解化于盱江。先生尝有诗云：'待我年当三十六，青云白鹤是归期。'以岁计之，似若相符。"

据此，白玉蟾似于此年逝世。但彭耜接着又说："逾年，人皆见于陇蜀，又未尝有死，竟莫知所终。"

但是，后世有人从白玉蟾著作中发现某些记载与它不符，遂对己丑年卒的说法表示不同意，提出白玉蟾曾经活到90来岁，至元初尚在世的推断。

例如，白玉蟾在《修真十书》卷39《大道歌》中自称："年来多被红尘缚，六十四年都是错。"在同

真人 道家、道教称"修真得道的人"，常称为真人。庄子、列子、关尹子在唐代皆封为真人。道教是我国固有的一种宗教，与中华本土文化紧密相连，深深扎根于中华沃土之中，具有鲜明的中国特色，并对中华文化的各个层面产生了深远影响。

■ 道教石刻

书卷41《水调歌头·自述十首》中又说："虽是蓬头垢面，今已九旬来地，尚且是童颜。"

白玉蟾一生好学，儒释道三教之书皆所研览。其弟子留元长称其师"三教之书，靡所不究"；朋友苏森说他"心通三教，学贯九流"。时人诸葛琰说："其于佛老秘典及人间所未见之书，靡不该贯。"

故白玉蟾为文，能得心应手，并多会通三教之言，使其著作显现出浓厚的三教融合色彩。白玉蟾又颇富才华，凡诗词歌赋文论等各种文学体裁，都能自如地流于笔端，是南宋时期以来道流中之文学巨子。

姚鹿卿《庐山集序》说："先生噫笑涕唾皆为文章，下笔辄数千言，不假思索。"故所作文章颇有文采。

不仅如此，白玉蟾还对琴棋书画颇有造诣。留元长说："真草篆隶，匠心妙明。琴棋书画，间或玩世。"

赵道一说：

> 大字草书，视之若龙蛇飞动，兼善篆隶，尤妙梅竹；而不轻作。间自写其容，数

修真 源于道家理论，道教中学道修行，求得真我，去伪存真为"修真"，后又延伸出多种修真门派及修真相关理论。根据门派不同，所持论调各不相同，每个人的情况又不同，功法亦千变万化。

笔立说，工画者不能及。

白玉蟾的书法作品，知名者有《仙庐峰六咏卷》《天朗气清诗》《足轩铭》等。其绘画作品，知名者有《修篁映水图》《竹实来禽图》《紫府真人像》《纯阳子像》等九件。评论家称其所画人物有吴道子风韵。

白玉蟾一生从事道教活动，其成就主要在道教方面。他既对道教组织发展做过较多工作，又对道教修炼理论和方法做过多方面研究，在道教历史发展中是一个贡献较大、地位较高的道士。

首先，在道教组织建设上，取得了较大成就。两宋时期，我国南方出现了一个以修炼内丹为主的道教派别，后世称为"金丹派南宗"，以别于北方的北宗全真道，其开山祖师为北宋的张伯端，依次传石泰，薛道光，陈楠，再传白玉蟾，已是第五代，被称为"南宗五祖"。

但在白玉蟾之前的四代，基本上是秘密传授，传播范围很窄，门徒很少；而且无本派祖山、宫观，故未形成群众性的教团。

至白玉蟾时，他收了很多弟子，而且努力克服过去无固定修道传

■ 白玉蟾的草书《四言诗帖》

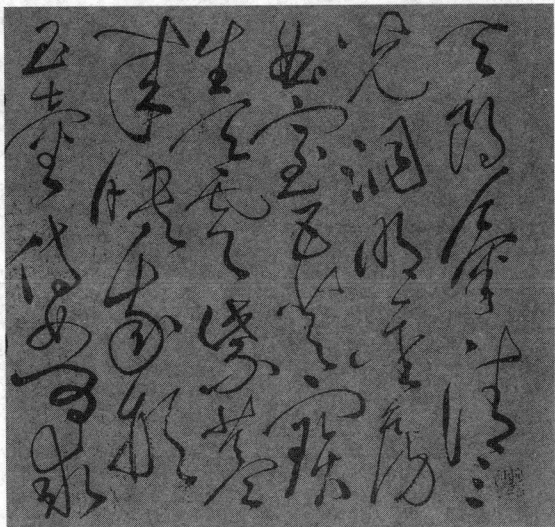

教场所的局面，仿照张陵天师道，设立了称为"靖"的教区组织。

以这些"靖"为修道传教据点，扩大了道教影响，加速了组织发展，从而使道教南宗很快成为一个有较多徒众，有一定传教地域的较有规模的教团，一个真正名副其实的群众性教派。

其次，在道教修炼理论和方法上，也有较大成就。在这方面，他曾修炼过外丹、内丹和雷法，并写过这些方面的著作。他从其师陈楠那里接受了外丹传授，多年进行实际操作，并把这方面的经验写成《金华冲碧丹经密旨》一书，传授给弟子彭耜。

后来白玉蟾又转向修炼内丹。他认为"外丹难炼而无成，内丹易炼而有成"。修炼内丹成了他一生用力最多的一门功课，其成就也最大。

他写过不少这方面的文章，使道教南宗的内丹理论更趋成熟，成为后世道教的指导性读物。

在修炼内丹的同时，他又兼修雷法。他自称天上雷部神谪降人间，号"神霄散吏"，能呼召风雷，求雨禳灾，在这方面也有若干著

■ 南宗宗坛照壁

作行世，被道教神霄派奉为经典，他本人也被尊为一代祖师。

■ 白玉蟾的最终归隐之所玉蟾宫

白玉蟾丹法的另一特点是广泛深入地融会儒释，他认为儒释道三教同源一致，三家在根本教旨上是相通的。因此他仿照理学家周敦颐的《太极图说》撰《无极图说》，将道教的内丹理论与儒家的《易》学糅合为一体，以阐释道教的修性修命术；并用理学的"天理""人欲""克己复礼"等哲学范畴，以解说内丹的坎离配合之术。

另一方面，他又融会禅宗。如在《水调歌头·自述十首》中说："有一修行法，不用问师传。教君只是饥来吃饭困来眠。何必移精运气，也莫行功打坐，但去净心田。终日无思虑，便是活神仙。"这种修行法，与禅宗极为相似。

周敦颐 北宋时期著名哲学家，是学术界公认的理学派开山鼻祖。至宋代中叶，周敦颐出于舂陵，乃得圣贤不传之学，作《太极图说》《通书》。《宋史·道学传》将周子创立理学学派提高到了极高的地位。

《老》学《老子》的注疏，历代不绝。宋代注释《老子》的士人和道士也很多，白玉蟾是其中颇具特色的一位。他的《老子》注释书名《道德宝章》，被收入《四库全书》。此注书的突出特点是以道教的心性说解释老子的道学，使道教的心性理论趋于成熟。

白玉蟾在诗词方面著述也颇丰，著有《玉隆集》《上清集》《武夷集》、谢显道编《海琼白真人语录》《道德宝章》《海琼词》、彭耜编《海琼问道集》。

白玉蟾升仙后，后人便在村外建起白玉蟾庙，庙前种上英雄树，并把村名"显屋"改为"典读"，以纪念这位"典衣供读"不懈求道的传奇人物。

据说，村口原有大门，门上刻着楹联，上联是"典身上能典之物学道忍苦负重"，下联是"读天下可读之书求真济世利民"，横批是"读书兴国"。

阅读链接

我国古代历史上曾经涌现出许多有文化修养、多才多艺、技法高超的释道僧人，如隋智永、唐怀素等。

他们以其精熟的技巧和殊异的情趣，创造了大量作品，而这些作品往往抒其怀抱，蕴含哲理，具有较深的艺术内涵和欣赏价值。

白玉蟾便是一位很有才华和个性的道人书法家、画家。学问宏富，道行高深，自然笔法超然不俗，非同凡响。

丘濬集儒家文化于一身

丘濬，别号海山老人，明代琼山府城镇下田村人。是明代一代"奇才"，是我国古代伟大的政治家、教育家、法学家、文学家、戏剧家、诗人。官至文渊阁大学士，一生著述很多。

1421年，丘濬生于海南岛上的琼州府，小时候很可怜，家里很穷，7岁的时候父亲去世，全靠他的母亲李氏把他抚养长大，教他读书。

■丘浚塑像

■ 海南五指山

欣慰的是，丘濬不仅好学，人还很聪明，明史记载："过目成诵""家贫无书，尝走数百里借书，必得乃已。"其人勤奋好学可见一斑。

五指山是海南名胜之一，位于海南岛的中南部，海拔1.8千多米，五峰相连，形如手指，因而得名。

据说丘濬6岁时就写下了流传后世的《五指山诗》：

五峰如指翠相连，撑起炎荒半壁天。
夜盟银河摘星斗，朝探碧霞弄云烟。
雨余玉笋空中现，月出明珠掌上悬。
岂是巨灵伸一臂，遥从海外数中原。

当时，年幼的丘濬与哥哥丘源靠祖父丘普抚养。丘普想到自己年老失去独子，双孙依偎膝下，百感交

庶吉士 也称"庶常"。是明清两代翰林院内的短期职位。由通过科举考试中进士的人当中选择有潜质者担任，目的是让他们可以先在翰林院内学习，之后再授各种官职。

集，写了"嗟无一子堪供老，喜有双孙可继宗"的联句挂于楣两边。

丘濬成名后，追念乃祖对他们兄弟的期望，写了一篇《可继堂记》这篇记文，充满了丘濬追及先人，不忘根本和对后辈殷切期待的激情。自此，可继堂名扬天下。

而且他从祖父丘普之言，定要做到"拓吾祖业，达而为良相，以济天下。"不难看出他从小志向就远大，博览群书。

1444，丘濬23岁的时候应乡试中解元。3年后，入国子监读书，深受器重，名气益盛。

1454年，丘濬复试于礼部，名列前茅，但因其长相丑陋，只赐得个殿试二甲第一登进士，赐传胪。后来文名远扬，被选入翰林院。

当时选入翰林的只有10人，丘濬为庶吉士之首，一时"名动京师"，就叫他去参与《寰宇通志》的编纂。该书写成后，丘濬被提升为翰林院编修。

1465年，宪宗继位后，丘濬晋升为侍讲，并受命参与编纂《英宗皇帝实录》。3年后，书编成，又被提升为侍讲学士。每次讲学，英宗皇帝都为丘濬渊博的学识与其洪亮流利的言词所吸引，聚精会神听讲，敬服不已。

后来，丘濬又受命编修《宋元纲目》，1477年该书在他渊博的学识和辛勤笔耕下完成。成书后，擢升翰林院学士。稍后，再晋升为国子监祭酒。

1480年，丘濬被加礼部侍郎，仍掌国子监事。在掌太学的年月里，由于他才识过人，

《宋元纲目》

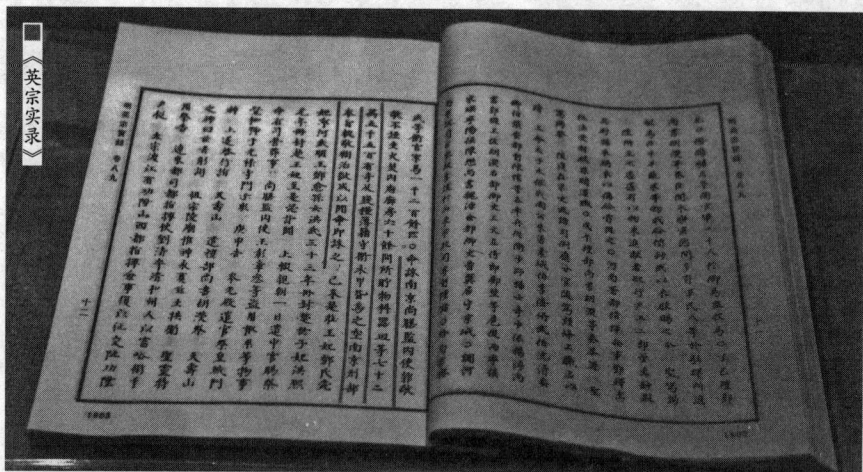
《英宗实录》

滨海风光

琼州文化特色与形态

广集诸子百家有关治国济民之说，依据西山真德秀的《大学衍义》，精心钻研，作出新见解，增补了160卷，形成了巨著《大学衍义补》。

丘濬在各个领域都有非常深的造诣，可谓之通儒，在文学方面有"诗文满天下"的称号，但他自己以精通经济而自负。

在《大学衍义补》中，有23卷都是专讲经济的，其思想有继承孔子的"天何言哉，四时行焉，百物生焉，天何言哉"的自由经济思想，提倡取用有度，主张"互市立法"等。

在明代海运方面，丘濬也是大力主张和出谋划策，在《大学衍义补》中，丘濬甚至对海道勘察、航海安全、船厂选址、海船吨位、抽税比例等都做了一番叙述。也许这跟他从小在海南这座沿海城市长大有很大的关系。

丘濬不仅学识渊博，在人品上也是非常值得称赞的。

有一次，翰林院侍讲参加《英宗实录》的修撰，当写到兵部尚书于谦之死问题时，有人要按当时定的谋图不轨的罪名来写，丘濬坚决不同意，认为："要不是于谦守卫北京，大明江山可能都保不住了，这个功绩不可磨灭。夺门之变时说他谋反，时间过去了，我们看清楚了，不是那么回事，对他的诬陷不能不给洗刷。"

杀于谦是英宗复辟的需要，英宗才死不久，丘濬就敢于直言，是冒着较大风险的，可见他是正直的，因而不计个人利害。

《大学衍义补》一书中的"固邦本""治国用"两部分23卷，分类摘录了前人的一些经济论述，并提出新的见解。

首先是富民思想，认为必须满足人们对财富的欲望。但"天生众民，有贫有富"，不能"夺富与贫"。说富民的存在是社会存在和发展的需要，贫民要"赖从举贷"，"国家亦将赖焉"。他说的富民，包括地主和商人。

其次是田制思想，提出"配丁田法"，主张每丁可占有田一顷，已超过一顷的，不问，但不得再买。同时提出力役改革，即不单纯按丁征役，而是按有田之丁征发。

还有工商业思想，认为国家不应与商贾争利。富商就是富国，"贫吾民也，富亦吾民也，彼之所有，孰非吾之所有哉"。

最后是理财思想，他提出："理财者，乃为民而理，理民之财尔"，所

翰林院 唐代开始设立，初时为供职具有艺能人士的机构，唐代晚期，翰林学士院演变成了专门起草机密诏制的重要机构。在院任职与曾经任职者，被称为翰林官，简称翰林。宋代后成为正式官职，明代以后被内阁等代替，成为养才储望之所。

■ 明代各行各业图像

谓为民理财，即发展生产，使民有财，取民之财要合乎义理；反对将国家财政"专用之以奉一人"。

丘濬是非常有民族大义的，他的民族思想浸润着深厚的我国传统的礼仪文化精神。丘濬从地域、文化、政治等来阐述他的"内华外夷"思想。

他在《大学衍义补》中提到"夷狄内附"是一个历史遗留问题，如果这个问题解决不好，就有可能危及国家和社会的稳定。

当然，丘濬也提出一系列解决方案。但是，他并不主张对其他民族实行种族灭绝的政策，他指出："大地间有华夷，犹天之有阴阳。有此必有彼，决无灭绝其类之理。"所以说他的华夷之辩思想是非常中肯和理性温和的。

滨海风光
琼州文化特色与形态

阅读链接

丘濬一生著有《大学衍义补》160卷、《世史正纲》《家礼仪节》《伍伦全备忠孝记》《朱子学的》《丘文庄集》《琼台集》等。《琼台诗文会稿》则是他在文学方面的集大成者。

该书共收入丘濬诗词约900首，文章380多篇。其主要成果在经济理论方面，他提出的劳动决定价值的观点，比英国古典经济学派创始人威廉·配第17世纪60年代提出的"劳动价值论"还要早170多年，被现代经济理论界称为"15世纪卓越的经济思想家"。

王佐博学多识传诗名

　　王佐，海南临高县蚕村都人，明代海南著名诗人，世称"吟绝"。明代琼州府提督副使胡荣称赞王佐"博学多识，见道精审，故诗词温厚和平，文气光明正大，当比拟唐宋诸大家"。

　　王佐生于1418年5月15日，祖籍福建古田井村。渡琼始祖王恂为琼州千户，曾祖王良先举人司户参军，父亲王原凯东黎土官，曾两度率首王寻、王旺赴京贡方物，接受朝廷招安，增强黎汉民族和睦团结，被授为抚黎县丞。母亲唐朝选，山东金乡县令之女，也是琼山监察御史唐舟的侄女。

　　王佐7岁丧父，唐氏很有见识，对佐慈而严，儿子一怠学，便生气不进食，王佐

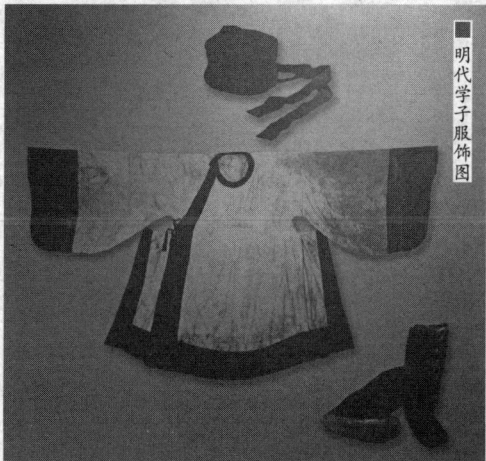

明代学子服饰图

遵母训，勤奋苦学，天资聪颖，过目成诵。

母亲知书识礼，命王佐追随名师，虽远在几千米之外，也遣王佐前往就读，学问日进。稍长，母亲索性带他回娘家，拜叔父唐舟及丘濬为师，很快成为"两庵"的得意门生。

经过两位名师的指点，王佐获得了很大的教益，为他今后的文学成就打下了基础。

1447 年，王佐刚好20岁，参加乡试，由于中举论礼文章卓著，被祭酒吴节、司业阎禹锡荐游国学深造。阁老大学士李贤翼其大用，深为器重。礼部会考，王佐曾获学冠"两监"之雅称。国子先生曾在诸生面称："王佐此子可教。"

由于某些权势者的妒忌，多方压抑，王佐在太学待了 19 年，始终没有考取进士。眼看年近40岁，他只好向吏部报到，要求铨补。

1455年，代宗敕令监察御史彭烈、广东按察司检事陈廉、琼州府

滨海风光
琼州文化特色与形态

■ 明代县学图

通判刘米盈、临高知县杨护等特抵透滩村，为学魁"两监"之才子王佐修竖礼坊，以示表彰。

■ 明代授官图

1466年，王佐出任广东高州同知，其时高州盗乱四起，民心动荡，都御史韩雍用兵两广，佐献"边情策"，主张先礼后兵，建议"开仓赈济，遍访地方利害"。韩雍惊为奇才，一一采纳，次第施行，郡遂以安。

1475年，王佐改任福建邵武同知，府属泰宁盗发，王佐则力主招抚，分化贼势，平息盗乱，事半功倍，境内得以安靖。

1477年，邵武三四月无雨，田地龟裂，禾苗枯萎，人心离散，王佐则"乃进父老于庭而谋之"，官兵共奋解除旱患，显示了王佐治郡之雄才。

1480年，王佐出任福建乡试考官，扩增府州县学，以礼文教授培育生员，优选举人，反对科场弄权

监察御史 古代官名。582年改检校御史为监察御史，始设。唐代御史台分为三院，监察御史属察院，品秩不高而权限广。明清代废御史台设都察院，通常弹劾与建言，设都御史、副都御史、监察御史。监察御史分道负责，因而分别冠以某某道地名。

■ 明代万历经卷

滨海风光

琼州文化特色与形态

舞弊，深受好评，九载期满而去，生员恋恋不舍。

1489年，王佐61岁改任江西临江同知，依然政绩昭著，博得了"所居民爱，所去民思"的赞誉。

1495年，王佐退休返乡，晚年归家常与密友谈论诗文，优游山林，养花种草，著书自乐。其诗词后世给予很高评价。明代琼州府提督副使胡荣称其"诗词温厚和平，文气光明正大，当比拟唐宋诸大家"。

丘濬临终前尝言："己有三恨，郡牒未修一也。"为解恩师遗恨，王佐不顾七旬高龄，跋涉琼州各地，自费遍访风土人物，广收民俗掌故，广采博贤，收集郡中古今文献，乡土风物，编成《琼台外记》一书，以补郡志之缺。

王佐年逾八旬，老眼昏花不能看书，就让家人读给他听，手抖不能提笔，就口述让儿子作录。

《鸡肋集》和《琼台外纪》是王佐的代表作。《鸡肋集》有诗302首，杂文82篇，是他著作中的精华。《琼台外纪》是一部地方志书，记录了海南的风土人情，地理山川等掌故。

提督 武职官名。全称"提督军务总兵官"。负责统辖一省陆路或水路官兵。提督通常为清朝各省绿营最高主管官，称得上封疆大吏。若以职能分，提督分为陆路提督与水师提督，掌管区域达一至两省，数万平方千米，甚至数十万平方千米。

《琼崖表录》是王佐写给皇帝的奏章，陈述珠崖的重要，指出汉弃珠崖、元设土舍的错误，语多恳切。

王佐的诗，状物、写景，刻画入微；怀古抒情，清新隽永，多为爱国忧民之作。

他的《天南星》中的"夫何生海南，而能济饥饱。八月风飕飕，闾阎菜色忧"和《鸭脚粟》中的"三月方告饥，催租如雷动。""琼民百万家，菜色半分病，每到饥月来，此草司其命。"都是王佐关心人民疾苦的表现。

王佐特别推崇胡铨，一连写了《澹庵井》《茉莉轩》《夜宿胡澹庵祠》等诗。《茉莉轩》两首，词多激愤，在读书人中广为传诵。

至于他的《菠萝蜜》《食槟榔白》《禽言九首》《鹧鸪媒》《桐乡夏景》《金鸡岭》《益智子》等诗篇，识者推为上品。

1512冬初，王佐病逝于乡，享年85岁，他的首门高足进士侍郎唐胄继其遗志，编写了《正德琼台志》，全文转录《琼台外记》于卷首，并高度评价说外记一书，乃王桐乡先生平生精力所在。

阅读链接

在明代初期诗坛上，王佐和孙蒉、黄哲、李德、赵介五人，为岭南诗派崛起的代表作家，被誉为"南国五先生"。

明清两代，王佐和丘濬、海瑞、张岳崧等被称为"海南四绝""琼州四贤"。王佐的英名早已刻在朝廷国子监碑林上。明代进士户部侍郎唐胄说："《琼台外纪》一书，乃王桐乡先生精力所在"，又说道："其词之中易温雅，气之光明隽伟，当比拟于古诸大家。"

海瑞正直刚毅留美名

海瑞，海南琼山人。明代著名清官。历任知县、州判官、尚书丞、右佥都御史等职。他身历嘉靖、隆庆、万历三朝，一生刚直不

海瑞画像

阿，清正廉明著称于世，与宋代包拯齐名。以直廉刚正著称，人称"海青天""南包公"。

海瑞为政清廉，洁身自爱。海瑞一生清贫，抑制豪强，安抚穷困百姓，打击奸臣污吏，因而深得民众爱戴，他的生平事迹在民间广泛流传。

海瑞生于1515年，其祖上从福建晋江埗边迁居海南琼山海厝，他自幼攻读诗书经传，博学多才。

海瑞的母亲和孟母一样，也是个年轻的寡妇。她和年幼的儿子相依为

■ 海瑞故居

命，在偏远的海南岛过着清贫苦闷的生活。海母深知幼儿教育的重要性，所以在海瑞年幼时期，海母就让他读《孝经》《尚书》《中庸》等圣贤书，树立儒家的道德观和价值观。

1550年，海瑞中举，他到北京，即拜伏于宫殿下献上《平黎策》，要开辟道路设立县城，用来安定乡土，有见识的人赞扬海瑞的设想。

海瑞初任福建南平教谕，后升浙江淳安和兴国州判官。他推行清丈、平赋税，并屡平冤假错案，打击贪官污吏，深得民心。

海瑞代理南平县教谕时，延平府的督学官到南平县视察工作，海瑞和另外两名教官前去迎见。在当时的官场上，下级迎接上级，一般都是要跪拜的。因此，随行的两位教官都跪地相迎，可海瑞却站着，只行抱拳之礼，3个人的姿势俨然一个笔架。

孟母 "亚圣"孟子的母亲仉氏。战国时人，以教子有方著称。她克勤克俭，含辛茹苦，坚守志节，在我国历史上受到普遍尊崇。后人把她与"尽忠报国"的岳飞的母亲、三国时期徐庶的母亲，列为母亲的典范，号称古代"贤良三母"，而且位居"贤良三母"之首。

■ 海瑞塑像

这位督学官大为震怒，训斥海瑞不懂礼节。

海瑞则不卑不亢地说："按大明律法，我堂堂学官，为人师表，对您不能行跪拜大礼。"

这位督学官虽然怒发冲冠，却拿海瑞没办法。海瑞由此落下一个"笔架博士"的雅号。

后海瑞迁淳安知县时，仍然穿布袍、吃粗粮糙米，让老仆人种菜自给。一天海瑞母亲大寿，海瑞上街买了两斤肉，屠夫感慨道："没想到我这辈子还能做上海大人的生意啊！"

有一天，总督胡宗宪的儿子路过淳安县，索要见面礼，海瑞不给，于是胡宗宪的儿子便向驿吏发怒，把驿吏倒挂起来。

海瑞说："过去胡总督按察巡部，命令所路过的地方不要供应太铺张。现在这个人行装丰盛，一定不是胡公的儿子。"

打开袋有金子数千两，收入到县库中。事后，海瑞马上给胡宗宪修书一封，一本正经地禀告说："有人自称胡家公子沿途仗势欺民。海瑞想胡公必无此子，显系假冒。为免其败坏总督清名，我已没收其金

总督 通常指一个国家的某片相对自主的区域中实际或名义上的最高行政长官。明清时期对统辖一省或数省行政、经济及军事的长官称为"总督"，尊称为"督宪""制台"等，官阶为正二品，但可通过兼兵部尚书衔高配至从一品。

银，并将之驱逐出境。"

胡宗宪是一代抗倭名将，他收到信后并不怪罪海瑞。都御史鄢懋卿巡查路过淳安县，酒饭供应十分简陋，海瑞高声宣言县邑狭小不能容纳众多的车马。鄢懋卿十分气愤，然而他早就听说过海瑞的名字，只得收敛威风离开。

1562年，海瑞任诸暨知县，后又任户部云南司主事。曾上书批评世宗迷信巫术，生活奢华，不理朝政等弊端。

1566年，海瑞买棺材，别妻子，散童仆，以死上书，劝说世宗不要相信方士的骗术，应振理朝政。嘉靖皇帝读了海瑞上书，十分愤怒，把上书扔在地上，对左右说："快把他逮起来，不要让他跑掉。"

宦官黄锦在旁边说："这个人向来有傻名。听说他上书时，自己知道冒犯该死，买了一个棺材，和妻子诀别，在朝廷听候治罪，奴仆们也四处奔散没有留下来的，是不会逃跑的。"

人杰地灵

海南四绝

■ 海瑞故居

■ 海瑞墓园里的扬廉轩

皇帝听了默默无言。过了一会又读海瑞上书，一天里反复读了多次，为上书感到叹息，曾说："这个人可和比干相比，但朕不是商纣王。"

皇帝有病，招来阁臣徐阶议论禅让帝位给皇太子的事，便说："海瑞所说的都对。朕现在病了很长时间，怎能临朝听政。朕确实不自谨，导致现在身体多病。如果朕能够在偏殿议政，岂能遭受这个人的责备辱骂呢？"

后来海瑞被逮捕关进诏狱，狱词送上后，仍然留中不发。

首辅徐阶力救海瑞，黄光升则把海瑞上书比拟儿子骂父，以减轻罪责，并乘机把海瑞留在狱中，极力营护海瑞。

世宗驾崩，穆宗继位，释放海瑞出狱，但当时尚未发丧。提牢主事听说了这个情况，认为海瑞不仅会

释放而且会被任用，就办了酒菜来款待海瑞。

■ 海瑞墓园

海瑞自己怀疑应当是被押赴西市斩首，恣情吃喝，不管别的。

主事因此附在他耳边悄悄说："皇帝已经死了，先生现在即将出狱受重用了。"

海瑞说："确实吗？"随即悲痛大哭，马上吐出吃着的食物，在吐的时候，旁边和他吃饭的狱卒都搞不懂怎么回事儿，吓得赶紧躲到旁边。

之后，海瑞果然被释放出狱，官复原职，不久改任兵部。提拔为尚宝丞，调任大理寺。

1569年，海瑞调升右佥都御史，他一如既往，惩治贪官，打击豪强，疏浚河道，修筑水利工程，并推行一条鞭法，强令贪官污吏退田还民，遂有"海青天"之誉，深受百姓的爱戴。

史书记载，海瑞书法，"楷、行皆佳，笔力精

太子 又称皇储，储君或皇太子，是我国封建王朝中皇位的继承人。唐朝时太子的地位仅次于皇帝本人，并且拥有自己的、类似于朝廷的东宫。东宫的官员配置完全仿照朝廷的制度，还拥有一支类似于皇帝禁军的私人卫队"太子诸率"。

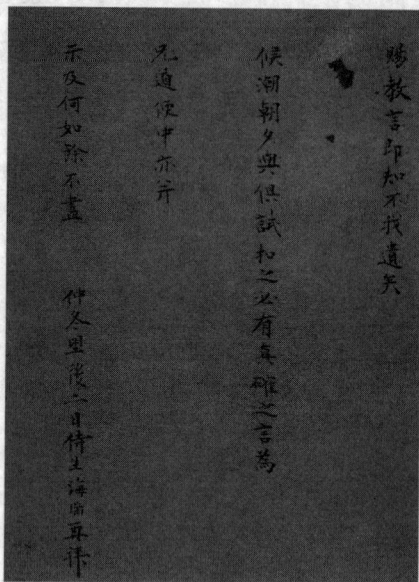

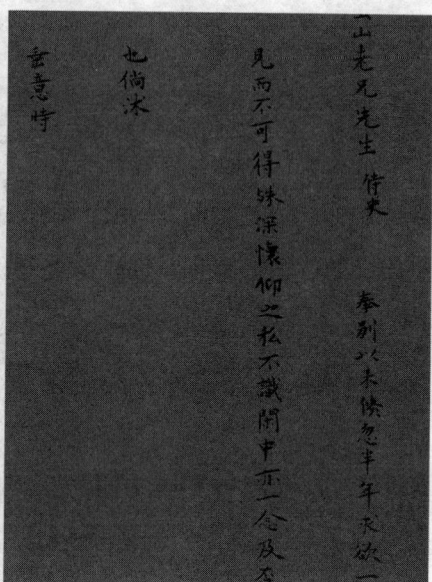

■ 海瑞的《奉别帖》

吏部尚书 我国古代官名，六部中吏部的最高级长官，雅称"大冢宰"。掌管全国官吏的任免、考核、升降、调动、封勋等事务，是吏部的最高长官，为中央六部尚书之首。唐宋是正三品，明代是正二品，清代为从一品。通常称为"天官""冢宰""太宰"。

绝，功力深厚，静逸而无妩媚之态"。清代末期著名书法家康有为在其名著《广艺舟双揖》中曾评价海瑞的书法说："其笔法奇矫且可观。"奇矫两字，正道出了海瑞书法的特点。

从海瑞书法作品来看，以行草书为最出色，笔力矫健，结体奇崛，极见功力。而他的小楷，亦规整可观，有古拙之气。小楷作品《奉别帖》正是其代表作。

海瑞《奉别帖》为海瑞流传于世的唯一可信墨迹，殊为珍贵，该帖内容为海瑞写给友人的一信，由于为平常通信，故书写随意，通篇表现出一种闲散之气，但点画之间，用笔精到，精力弥满，毫无疲软之态；结体宽舒，在不激不厉中透出一种奇崛之气。

1585年，海瑞在再次被排挤后又重被起用，先后任南京吏部右侍郎、南京右都御史，力主严惩贪官污吏，禁止徇私受贿，海瑞闻及潘湖黄光升卒，悲伤至极，带病前来晋江奔丧。

海瑞在南京当吏部尚书时，由于刚直不阿而被民众称赞甚至拿他的画像当门神。

1587年11月13日，海瑞死于南京任上。临死时，别人问他有什么遗言，海瑞告诉仆人将5钱柴火钱还给户部，说是经过自己测量后，户部多给了5钱柴火钱。

海瑞没有儿子。去世时，南京都察院佥都御史王用汲去照顾海瑞，只见用布制成的帏帐和破烂的竹器，有些是贫寒的文人也不愿使用的，因而禁不住哭起来，凑钱为海瑞办理丧事。

海瑞的死讯传出，南京的百姓因此罢市。海瑞的灵柩用船运回家乡时，穿着孝服的人站满了长江两岸，祭奠哭拜的人百里不绝。很多百姓甚至制作他的遗像，供在家里。

海瑞死后，朝廷追赠海瑞太子太保，谥号忠介。

阅读链接

海瑞一生刚正不阿，在老百姓当中流传着这样一段称颂他的歌谣："海刚峰，不怕死，不要钱，不吐刚茹柔，真是铮铮一汉子！""不吐刚茹柔"，意思是不吐出硬的、吃下软的。高度评价了海瑞不欺软怕硬的硬骨头精神。关于他的传说故事，民间更广为流传。

后经文人墨客加工整理，编成了著名的长篇公案小说《海公大红袍》和《海公小红袍》，或编成戏剧《海瑞》《海瑞罢官》《海瑞上疏》等。

海瑞和宋代的包拯一样，是我国历史上清官的典范、正义的象征。明代著名的思想家李贽对海瑞的评价"先生如万年青草，可以傲霜雪而不可充栋梁"，入骨三分。

"书绝"张岳崧一生为国

    张岳崧，清代海南定安县龙湖镇高林村人。海南在科举时代唯一的探花，官至湖北布政使。

    革除各种陋规，4次受到皇帝召见，倡导并协助林则徐严禁鸦片。

林则徐禁烟泥塑

主持编纂《琼州府志》，擅长书画，是清代知名的书画家，与丘濬、海瑞、王佐并誉为"海南四大才子"。

1773年2月28日，张岳崧出生在琼州府定安县居腰图高林村一个庠生的家里。先世在福建莆田，宋代嘉定年间，始祖到琼州府当琼山县知县，因此落籍琼山。曾祖张宏范由琼山迁来定安，父亲张基伟，敕赠文林郎，母周氏，继母梁氏。

张岳崧7岁能认字，平常喜读书，与其他儿童牧牛、钓鱼、游戏时，常带着书本，有空就读。10岁到琼山县拜蔡南昭先生为师，年纪虽然是学生中最幼者，功课却特好，蔡先生常给予夸奖，总觉得他跟平常儿童不同，日后必有大成。

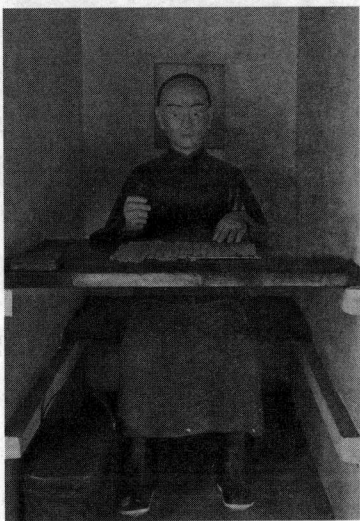

■ 清代科举考试泥塑

张岳崧11岁回家在村里的私塾读书，开始习写文章，行文论事与众不同，思路开阔，文理通顺。12岁到县城应童子试，其父认为年纪太小，应认真读书而不要急着应试，因此各科目尚未考完，便令其回家。

张岳崧自小聪明好学，酷爱习武锻炼身体，15岁应考县试时，所作的文章深为当时的杨知县所赞赏，还召张岳崧来面试，一连变换数个题目，都挥笔即成，杨知县深为叹绝，称其为"廊庙器也"。

张岳崧16岁进县学读书，其时名声已经传扬，诸生以疑问问询，总是条分缕析，解说清楚，并有自己独到的见解，诸生员很佩服。

庠生 古代学校称庠，故学生称"庠生"，明清时期科举制度中府、州、县学生员的别称。庠生也就是秀才之意，庠序即学校，明清时期叫州县学为"邑庠"，所以秀才也叫"邑庠生"，或叫"茂才"。秀才向官署呈文时自称庠生、生员等。

探花 古代科举考试中对位列第三名的称谓，殿试取中的前三名的进士，分别称"状元""榜眼""探花"，合称"三鼎甲"。唐代无榜眼，却有探花郎。至南宋后期，第三名进士改称"探花"，于是榜眼成为第二名的专名。

■ 五公祠里的李德裕雕像

张岳崧17岁那年，母亲肩臂患疾病，亲自侍候数月照顾服药，为之按摩，但母亲终因病重而逝世。后3年在家设馆授徒，远近慕名而来的学生不少。

1801年，张岳崧以品优被荐为优贡，入广州越秀书院读书，与书院主讲冯鱼山先生登广州镇海楼赋诗《登镇海楼》，深受冯鱼山先生赏识。

1804年科举人，1809年殿试一甲第三名进士，成为海南在科举时代唯一的探花。

张岳崧中举后，因家庭穷困，没办法筹集资金上京城应殿试。当时广东主考官陈嵩庆先生，看在眼里，急在心中。便以他本人关系介绍张岳崧到北京城聂府当家庭教师。

聂府是书香门第，家里藏书很多。张岳崧边教边读，读尽了聂府的藏书，学识大进，称得上五车八斗。

其时，嘉庆皇帝刚刚稳定新的朝政。

一次，他扮成一个书生模样，约成亲王出宫私访。路过聂府豪门，看到聂府的新春对联，写得生龙活虎，便停步欣赏："莫怨陋府单孤苦，欲振家声在读书。"

嘉庆皇帝于是让成亲王叩门，查问此联出自哪位先生手笔。管家应声开了门，说："两位客官叩门有何贵干？"

■ 清代科举放榜图

成亲王问："你家春联是哪位先生手笔？"

管家说："是我家张先生手笔。"

又问："你家先生何方人氏？"

管家说："是琼州举子张岳崧。此公要参加朝廷大考，时间未到，我家老爷便请他当家庭教师。"

成亲王说："我们路过此地，看见书联秀丽，随便问问。"

嘉庆皇帝接着赞叹道："好手笔，好手笔！"

嘉庆皇帝私访数月后回朝，正逢自己50岁大寿之年，文武百官上朝齐奏皇上："为了大清江山永固，匡正朝纲，求皇上开恩，加设科考，为国招贤，辅助君皇。"嘉庆皇帝准奏，命总管成亲王筹备增设已巳年恩科。

恩科评卷，张岳崧考分列居头名，洪莹考分紧随其后。这可急坏了朝廷中一些和珅案有牵扯的人。

他们认为，张岳崧要是被皇上点为状元，封了巡

状元 就是在封建社会中，科举考试的最高一级选拔出来的或者经皇帝认定的第一名。自古以来，在漫长的中国历史中存在着文治武功。人们已经习惯于一方面"以文教佐天下"也就是叫教化民众，维护社会太平；另一方面"以武功裁祸乱"也就是保护国家安定、巩固国家政权。一文一武，相得益彰，有文状元和武状元之分。

■ 张岳崧印

滨海风光

琼州文化特色与形态

朝廷 我国古代，被诸侯、王国统领等共同拥戴的最高统领者，从而建立的一种统治机构的总称。在这种政治制度下，统领者一般被称为皇帝。朝廷后来指帝王接见大臣和处理政务的地方，也代指帝王。

按官职，他们个个会被审查，下场是不堪设想的。明代琼州出了铁面无私的海瑞，清代要是出状元张青天，他们这些当官的怎么活下去。

于是，他们合计共谋，建议皇上招驸马。因为张岳崧相貌不如洪莹秀丽，脸上又长青春痘，皇姑母后见后，必定以貌改点洪莹为状元。

嘉庆皇帝不知是计，听从了他们，殿试时，母后皇姑和文武百官列在皇帝身边，母后皇姑眼看洪莹，暗示皇上点洪莹为状元。嘉庆皇帝为了兄妹之情，改点张岳崧为一甲第三名进士。

清代嘉庆皇帝50岁大寿时，在酒席上命文武百官吟诗作对，行文助兴。

张岳崧兴趣勃勃，才思敏捷，巧妙地把清代皇帝顺治、康熙、雍正、乾隆和嘉庆顺序上下排列，对仗工整，既祝贺嘉庆皇帝，又歌颂历代皇帝，一语双关。只见他深思了片刻，举杯喝了酒，便挥毫写了这样的一副寿联：

顺天康民雍然乾道嘉千古，
治世熙朝正是隆恩庆万年。

嘉庆皇帝见了，为琼州海隅之地竟有如此高才感到很高兴，胪唱时，有"何地无才"之谕。并令张岳崧当年任翰林院编修。

1818年任文颖馆纂修，因编纂《明鉴》按语不合朝廷意旨，被革职南归广州，受两广总督阮元邀请主讲于越秀书院。

传说，张岳崧给清嘉庆皇帝4个儿子当教师，经过他的苦心教诲，几位王子学业大有长进，尤其是后来的道光帝。

张岳崧在为官期间，曾多次同林则徐共事或为前后任官；嘉庆末年至道光初年，跟林则徐同在翰林院任职，又先后任陕甘学政、四川正考官；1831年奉旨协同林则徐总司江北赈抚事宜。

1833年至1838年，张岳崧任湖北布政使和护理湖北巡抚时，林则徐任湖广总督。

张岳崧跟林则徐同是查禁鸦片的严禁派，张岳崧写了不少禁烟的奏疏和文章，为林则徐在广东发动大规模禁烟运动制造了舆论，特别是他在护理湖北巡抚任上所写的《议奏查禁鸦片章程折》，郑重地向道光皇帝提出了严禁鸦片的主张。

张岳崧在他独撰的《匡俗论》一文中指出：

举世狂惑靡然从之，则未有洋烟为祸之愈烈者也……

■ 张岳崧曾使用过的端砚

盖古今恶行，其损身、败名、丧财、废事，无甚于此者。以外夷诡谲之物，取人厚值而为祸中国，不至人皆病瘦羸尫不止。呜呼，是可哀也！

在该文中，张岳崧提出严厉的禁烟具体措施，主张对吸烟者和贩烟者处以重刑。

当时，张岳崧已是66岁高龄了，在鸦片战争前夕，对禁烟运动做了大量工作。他不愧为一个有觉悟的爱国者和有民族气节的人。

张岳崧和林则徐的友情是建立在禁烟这一爱国的共同思想基础上的，张岳崧一直与林则徐互相尊重。

张岳崧与丘濬、海瑞、王佐并誉为"海南四大才子"，是海南四绝中的"书绝"。特别擅长书画，是清代知名的书画家，清代人编的《国朝画征略》将他列为"广东四大书法家之一"。

为了使自己的学识得到传播，激励有志之士，张岳崧曾先后在海南琼台书院、雁峰书院，广州的越秀书院以及肇庆的端溪书院讲学。

1842年农历正月十八，张岳崧病逝，逝后入祀郡邑乡贤，墓葬于海口琼山甲子镇毛头岭村附近。

阅读链接

张岳崧是海南历史上一位难得的人才，他有功于国于民，历代海南人民都把他同丘濬、海瑞、邢宥、王弘诲等一起引以为荣。

张岳崧一生著有《筠心常文集》10卷、《筠心堂诗集》4卷、《运河北行记》1卷、《训士录》1卷、《公牍偶存》1卷。特别是1838年他辞官回归故里后，主持编纂具有44卷的《琼州府志》。

琼岛工艺

在我国历史上，海南黎族的手工艺文化很早就发出夺目的光辉。早在汉代，黎族妇女编的黎锦已是官廷岁贡的珍品。后世，黎族地区的藤器、黎单、黎幕、龙被、独木器等都是民族精品。黎族文化是我国乃至世界的文化瑰宝之一。

海南苗族文化也有其鲜明特色，底蕴深厚。苗族妇女也善于纺织、挑花、染绣、制陶、雕刻、编织。苗族织锦花纹如青山纹、松树纹、欢乐纹等图案工艺精巧，庄重美观。其工艺珍品有婚礼装、首饰、腰带、头巾、花边等。

纺织艺术的奇葩黎锦

黎族是海南最早的居民，也是海南人口最多的少数民族。黎锦即海南岛黎族民间织锦，堪称我国纺织史上的"活化石"，历史已经超过3000年，是我国最早的棉纺织品。早在春秋战国时期，史书上就称其为"吉贝布"，其纺织技艺领先于中原1000多年。海南岛因黎锦而成为我国棉纺织业的发祥地。

黎族人民采用木棉花蒴果内的棉毛、苎麻纤维，及分别来自于美洲和印度的海岛棉、巴西木棉、大陆棉和树棉等灌木类棉花，以织绣、织染、织花为主，刺绣较少，用天然植物色素作颜料，以麻、棉分别做经线和纬线，纺织成一种特色花棉布。因木棉又名"吉贝"，

黎族织锦服装

故黎锦也叫"吉贝"。

《后汉书·南宝西南夷列传》记载，汉武帝时，孙幸为朱崖太守，"调广幅布献之"，黎锦已负盛名。

宋代诗人范成大《桂海虞衡志》记载的"黎单""黎幕"宋代已远销大陆，"桂林人悉买以为卧具"。

黎锦包括筒裙、头巾、花带、包带、床单、被子等，有纺、织、染、绣四大工艺，色彩多以棕、黑为基本色调，青、红、白、蓝、黄等色相间，配制适宜，富有民族装饰风味。

黎锦是以棉线为主，麻线、丝线和金银线为辅交织而成。东方、昌江地区黎族创造了扎染与织造相结合的织锦工艺。

其经线多采用缬染法，在一个扎线架上编好经线，然后用纱线在经线上扎结，染色后拆去纱线，即出现蓝底白花的图案，再织进彩色纬线。纺织、织造的工具仍然沿用古老的传统工具，如手搓去籽十字棍、木制手摇轧花机、脚踏纺纱机和织布机等。

黎锦以织绣、织染、织花为主，刺绣较少。染料主要采用山区野生或家种植物做原料。这些染料色彩鲜艳，不易褪色。

■ 黎锦工艺品

木棉花 传说在海南岛五指山有位英雄叫吉贝，他多次率领黎族人民抗御外敌，屡建战功，得到人民的爱戴。后因叛徒出卖，被敌人围困在大山上，身中数箭，仍屹立山巅，身躯化为一株木棉树，箭翎变为树枝，鲜血化成殷红的花朵。后人为纪念他，尊称木棉为"吉贝"。

■ 黎族妇女织锦画

龙纹 又称为"夔纹"或"夔龙纹"。在我国古纹样装饰中，龙纹占有十分重要的地位，被大量装饰在玉石、牙骨、陶瓷、织绣和服饰等许多方面。在封建时代，又将它与佛教、道教的神话结合起来，赋予新的神秘色彩。尤其在宫廷艺术中，更是充满了龙的装饰。

各地黎族人民根据自己的喜好，创造了多种织、染、绣技术。比如，白沙县黎族人民有一种两面加工的彩绣，制作精工，多姿多彩，富有特色，有苏州"双面绣"之美。

黎族织锦图案是体现妇女的审美意识、生活风貌、文化习俗、宗教信仰及艺术积累的文化现象。其内容主要是反映黎族社会生产、生活、爱情婚姻、宗教活动以及传说中吉祥或美好形象物品等。

黎锦图案大约有100多种，大体可分为人形纹、动物纹、植物纹、几何纹以及反映日常生活生产用具、自然界现象和汉字符号等纹样。其中人形纹、动物纹和植物纹是最常用的织锦图案。

人形纹主要有"婚礼图""舞蹈图""青春幸福图""百人图""丰收欢乐图""人丁兴旺图""放牧图""吉祥平安图"等，它寄寓了人们对生育繁衍、人丁兴旺、子孙满堂和追求美好生活的强烈愿望。

其中最有代表性的是"婚礼图"，它主要流行于乐东、三亚、东方等市县，是典型的人形纹样，它将黎族婚娶礼仪习俗中的迎亲、送亲以及送彩礼和拜堂等活动场面反映在筒裙上，描绘了新郎新娘和前来参加婚礼的众多村民的画面。

黎锦动物纹主要有龙凤、黄猄、水牛、水鹿、鱼虾、青蛙、乌鸦、鸽子、蜜蜂、蝴蝶等，其中，龙纹、青蛙纹最为常见。

龙纹是流行在白沙、琼中一带最为普遍的黎锦图案，反映了黎族人民把龙当作高贵、吉祥、幸福和美好的象征。

"青蛙纹图案"在民间流传很广，在黎族的传统观念里，青蛙有表达母爱和辟邪的功能。反映在服饰上的蛙纹有严格的对称结构，图案以"田"字形纹样为主体，中间有四只具有抽象性的青蛙纹，用动和静的对比手法，显示青蛙在田间生活的主要特征，画面充实，节奏协调。

有的地方的青蛙纹样，采用夸张与变形的表现手法，把青蛙前腿省略，后脚加长，表现出青蛙跃跃欲跳的神态，图案构思大胆，造型简洁，具有独特的民

辟邪 也就是避凶，"辟"即是"避"，"邪"就是"凶""不好"。辟邪是一类铭记历史教训、避免重蹈覆辙的信物。广义而言，民间使用的辟火、辟水、辟兵、辟车等都可称为辟邪。广义的辟邪，或者民俗中的辟邪应该指一种行为以及它所引起的一些礼仪形式。狭义的辟邪，是辟邪行为的一种工具。

■ 黎族妇女织锦场景

■ 黎锦工艺品

行书 在楷书的基础上发展起源的，介于楷书和草书之间的一种字体，是为了弥补楷书的书写速度太慢和草书的难于辨认而产生的。"行"是"行走"的意思，因此它不像草书那样潦草，也不像楷书那样端正。实质上它是楷书的草化或草书的楷化。楷法多于草法的叫"行楷"，草法多于楷法的叫"行草"。

族风格。

黎锦植物纹主要有木棉花、泥嫩花、龙骨花、竹叶花等花卉，以及藤、树木、青草等。木棉是黎族纺织的主要原料之一，黎族妇女普遍喜欢用木棉纹样作为织锦纹样，图案以木棉树为主，有根部、分枝，分枝下有钥匙纹，又称"任意花"，还有花和绿叶，以此象征根深叶茂，家庭美满幸福。

黎锦的几何纹是利用直线、平行线、方形、菱形、三角形等组成的纹样，以抽象的图案表现在服饰上，反映出原始思维的某些特征。

黎锦中的日常生活图纹样，主要有煮饭、玩球、纺织、农耕、扁担、禾叉等。这些纹样大多是黎族妇女根据自己对生活的细心观察和理解，凭借自己的艺术想象，加工创作出来的。

黎锦中还有反映自然现象的纹样，主要包括日月、星辰、雷电、水火等。黎族是一个崇拜自然的民族，对自然的崇拜一直影响着织锦图案的发展。

汉字符号纹样有喜字、福字、禄字、寿字、万字等。黎族只有语言，没有文字。织锦图案因受汉文化的影响，有些图案逐渐采用汉字符号。这些汉文字体服饰上，反映了人们对幸福生活的追求和希望能够健康长寿的美好愿望。

聚黎族传统织锦四大工艺于一身的精品是黎族龙被。龙被也称"广幅布""崖州被""大被"，是代表黎族传统织锦技术最高成就的艺术珍品。

龙被以龙为主体花纹图案，构图饱满、匀称和谐、颜色绚丽华美、格调高贵雍容。其他陪衬的图案有自然界花纹图案、神话人物图案、吉祥动植物图案。

此外，龙被上刺绣的汉字有楷体、隶书、行书、草书等字体。黎锦有单联幅、双联幅、三联幅、四联幅、五联幅5种款式，内容丰富，题材广泛，具有强烈的艺术震撼力。

阅读链接

黎族是一个爱美而又心灵手巧的民族，用黎锦做成的服饰异彩纷呈，包括筒裙、头巾、花带、包带、床单、被子等。

用黎族织锦和单、双面绣布料制作的黎锦筒裙绚丽多彩，黎族妇女还要在上面镶嵌上诸如云母片、贝壳片、银片、琉璃珠，穿上镶嵌珠宝的筒裙，行动或跳舞时，熠熠生辉。

白沙一带黎锦的裙子是所有支系的筒裙中最短，可以说是最早的超短裙。

绚丽如朝霞的苗族纺织

苗族起源于黄帝时期的九黎、尧舜时期的三苗。九黎是5000多年前居住在黄河中下游的一个部落。后与黄帝部落发生战争，失败后退入长江中下游，形成三苗部落。

■ 苗族服饰

在4000多年前，以尧、舜、禹为首的北方华夏部落与三苗部落发生战争，三苗部落被击败。一部分向东南迁徙，经过很长时间逐步进入岭南地区，形成后来的苗族。

苗族妇女勤劳聪明、心灵手巧，善于纺织、蜡染和刺绣。

苗族织锦又称"织花"，即以编织形成的花纹织物。织锦方法有挑织、机织、编织3种。

挑织是将牵好的经线上筘，并

引进"综线"后，放在织布机上，用一块长0.3米，宽0.2米尺的光滑竹片，按照花纹需要，向经线逐一挑通，然后掷梭引进一根纬线，拉筘拍紧。

接着利用综线交错上下分开经线，像织平布一样织一根纬。第三根纬线仍为挑织，如此循回织成的宽锦，称为"挑织"。

苗锦是苗族妇女利用当地所产的蚕丝、苎麻、木棉等纤维染彩而织。《黔书》记载这种织法为"通经回纬"。

其使用的平纹木机，必须用长约10厘米的舟形小梭，装入花纹色彩需要的各色彩纬，依花纹图样轮麻色彩分块、分区，分段挖花缂织。其特点是：本色经细，彩色纬粗，以纬克经，只显影纬线不露经线。

苗族织锦又称"织花"，即以编织形成的花纹织

■ 苗族文化馆内纺车和纺织蜡染作品

三苗 与欢兜、共工、鲧合称为"四罪"。我国传说中黄帝至尧舜禹时代的古族名。又叫"苗民""有苗"。主要分布在洞庭湖和都阳湖之间。当禹的夏部落联盟跨入奴隶社会时，三苗已有"君子""小人"之分，开始有了阶级分化。有的文献记载三苗最早发明了刑罚。三苗有"髻首"的习俗，即麻和头发合编成结。

■苗族织锦——背扇

滨海风光

琼州文化特色与形态

鱼纹 古代传统寓意纹样。《史记·周本纪》上说周有鸟、鱼之瑞，说明鱼在古人的心目中，也是一种瑞。汉代画像石中，鱼纹大多为鲤鱼，并常常与龙、凤同处一画。同时，鱼具有生殖繁盛、多子多孙的祝福含义。

物。彩纬充分覆盖在织物表面，正面色彩艳丽。

苗族织锦有通经断纬法和通经通纬法两种，前者运用较为广泛，一般以细棉纱或丝纱为经，以粗棉、毛或丝纱为纬，多为通经断纬法，织出的锦有菱形、几何纹、字纹、团花等，一般用作被面，称为"粗锦"。

也有以细彩丝线为经纬纱按通经通纬法织出的花手帕、头巾等，称为"细锦"。

以通经断纬法织出的彩锦图案十分丰富，有龙纹、舞人纹、鹭纹、鱼纹以及几何纹等，色彩绚丽，一般用作围腰和衣背。

苗锦的花纹生动活泼，反面呈不规则状。纬线并不贯穿整个幅面，花纹轮廓边界与地纹之间的交接处，留有一定的空隙，俗称"水路"。如细品味，很有些雕刻镂纹的立体效果。

苗锦纹饰题材广泛，飞禽走兽，花草鱼虫，山川日月。无所不有。其表现形式丰富多彩，既有规律性的几何纹，又有古典式的菱形，四方形，还有介于几何纹与自然纹间的装饰纹样。

苗锦艺术手法简洁、大胆夸张，巧妙地运用了点、线、面的疏密虚实、粗细大小、斜直长短等进行变化与组合棑列，总体布局均衡，结构严谨，在安静中有动势，规整中有变化，展现了一种明快活泼而又朴实纯真的艺术情趣。

机织即用织布机织锦，与一般织布的设备有所不同。织平布只用两个综线，而织锦用的综线至少是5个。每个综线都连着一块踩板，脚踏踩板，牵动综线而将经纱交错上下分开。每次只能踩两块，依次进行，或周而复始，或踩毕倒回。

机织的花纹要简单一些，不如挑织的多样，并且都是左右对称，千篇一律。一般多用于织锦带。

织机是勤劳、智慧的苗族人民，为解决穿衣问题，发明创造的一种纺纱、织布的纺织用具。苗族的纺织机为台式手织机，台架前端安装纺具、纺线，后面坐人。

织机中间装有一支往前平伸的摇动式活动杆，底下横着一支固定杆，杆下有线箱，后侧有两排插条，每排各有9支纺线，纺线从插条上一直拉到织机框架前面的终端。终端左侧有布刀，底下有线捆具，以便纺织时能够交错分线。

编织即以手代替挑板或综线来交错上下分开经线的编织方法，只能用于宽3厘米以下而经线较粗的锦带。

围腰 是裙和裤的补充物或者说是保护物、装饰物。是围在腹部、腹部的布块，根据大小和形制的不同可以称呼为围腰、围裙、肚围或兜肚等。我国少数民族的这一类服饰十分丰富，绝大多数的南方民族都系围腰、围裙、兜肚之类的饰物，并以此构成自己服饰的组成部分。

■ 苗族蜡染作品

一些少女在上山干活或放牧时，将牵好的经线卷好、上箱，随身携带，在空闲时，即以一端系于小树上，一端系于腰带，手拣经线而引进纬线。编织的花纹同机织一样。

蜡染是苗族保留至今最古老的印染工艺。它是苗族妇女在长期生产、生活实践中不断积累发展起来的一种印染技术。

苗族妇女的裙子图案就是采用蜡染方法制作而成，花纹图案黑白相衬，非常美丽。

蜡染工序：将一支削好的竹片折弯成"U"字形，作为点染工具，称为"蜡刀"。然后把蜂蜡放进碗里用火加热熔化后，用蜡刀醮上蜡液，在白布上精心点染绘制图纹，如松树纹、人字纹、压印横纹等，待蜡液全部黏住布料后，放入染缸里浸染。

染好后将布料捞出放入盆中，倒入温水使蜂蜡溶化后漂洗。此时呈现出的蜡染布料便是青底白纹，图案鲜明。

刺绣是心灵手巧的苗族妇女擅长的技艺。她们用各式各样颜色的纱线在自己喜欢的头巾、腰带、衣襟、袖沿中绣上精美的花纹图案，具有较强的民族特色，别具风格。

阅读链接

海南苗族纺织所用的染料是苗族妇女自己配制的，原料为一种木蓝植物、石灰和酒。其制作工序：将木蓝植物的茎、叶放入大缸内浸泡3天至7天，待缸内液汁变成青蓝色后，把茎叶渣捞出，提取蓝胶。

染布时，将蓝胶和适量的石灰、酒放入大缸内，用木棍不停地搅拌，再用滤过的草木灰倒入缸内拌匀，这样配制出来的染料颜色呈青蓝色而且染布不易褪色。

异彩纷呈的黎族服饰

黎族是海南最主要的民族，其服饰极具特色，主要是利用海岛棉、麻、木棉、树皮纤维和蚕丝织制缝合而成。远古时候，有些地方还利用楮树或见血封喉树的树皮作为服饰材料。

这种服饰材料，是从山上砍下树皮，经过拍打去掉外层皮渣，剩下纤维层，然后用螺壳烧成的灰浸泡晒干而成。黎族祖先利用这种树皮纤维来缝制成的衣服，称为"树皮布"服饰。

黎族服饰绝大部分是自纺、自织、自染、自缝的，其染料以在山上采集植物为主，矿物为辅。

■ 黎族树皮衣裙

海南黎族所织的"黎锦""黎单""黎幕"，色彩鲜明，美观适用，颇为中原人士所赞赏。随着时间不断的推移和各民族交往的频繁，黎族服饰加速了变化。其中最明显的是将无领直口和贯头上衣，改为挖口上衣领，或者将直身、直缝、直袖改为使腰身、袖口有缝，或者改无钮为饰钮，后来又改为琵琶钮，直至将对襟改为偏襟。

黎族妇女服饰，主要有上衣下裙和头巾，都织绣着精致的花纹图案。上衣有直领、无领、无钮对襟衫或者贯头衣。贯头上衣皆由三五幅素织的布料缝成，适于刺绣加工，故衣襟多是绣花。

女裙称之为"筒裙"，通常由裙头、裙身带、裙腰、裙身和裙尾缝合而成，但也有少于或多于4幅；由于各幅都是单独织成，因而适合于织花、绣花和加工，所以筒裙花纹图案比较复杂。

有些筒裙为了突出花纹图案，又在沿边加绣补

■ 黎族女子筒裙

■ 黎族服饰展示

充，提高图案色彩，故称为"牵"。妇女筒裙，由于织花的经纬密度高，大大加强了筒裙的牵度，因而经久耐穿，又具有特色。

妇女的筒裙，规格上也有一定的差别，哈方言的"哈应"和聚居在东方和昌江境内的美孚方言妇女筒裙，可谓是最大最长，称为"长式筒裙"；而居住在白沙的润方言黎族妇女筒裙，则是最短的。

一般来说，筒裙长而宽，或短而窄，都是为符合其生产环境和生活方便的需要。穿长筒裙的黎族妇女主要生活在接近平原地区。长筒裙的实用性较多，用途较广，可当被子、背物和做婴儿的吊兜式摇篮，还可以从童年穿到成年，小时候可将多余部分折叠到里面，随着身体增高翻出伸长。有些长筒裙则可以供死时殓尸用，故而越织越长。

而短筒裙主要是居住在深山生活环境比较差的

方言 是语言的变体。可分地域方言和社会方言，地域方言是语言因地域方面的差别而形成的变体，是语言发展不平衡性而在地域上的反映。社会方言是同一地域的社会成员因为在职业、阶层、年龄、性别、文化教养等方面的社会差异而形成不同的社会变体。方言是一种独特的民族文化，它传承千年，有着丰厚的文化底蕴。

黎族妇女穿戴的。除了古时候原料有限，生产艰难，自然生态环境险恶之外，更主要的是因为人们大多数居住在山涧、小溪、河流地带，穿着短筒裙适于跋山涉水。

古代汉族的服饰多宽衣右衽、长裙，也许对当时的黎族服饰有一定的影响。

黎族各方言妇女服饰主要分为哈方言妇女服饰；杞方言妇女服饰；润方言妇女服饰；赛方言妇女服饰；美孚方言妇女服饰。在这5个方言妇女服饰当中，哈方言又有罗活、抱怀、哈应等不同称呼。

黎族各方言服饰，都有着极其丰富的文化内涵，在历史上曾是区分不同血缘和部落的重要标志，且与黎族的族源、族系、崇拜、婚姻、家庭、丧葬等因素都有着密不可分的关系。

但是由于所处的地域、语言、生活习俗和所接受汉文化影响程度等不同方面的差异，使各方言黎族妇女服饰种类繁多，式样奇特，丰富多彩。

黎族男子服饰，主要由上衣、腰布和红、黑头巾组成。男子上衣开胸、无钮、无扣，仅有一条绳子绑住，衣的背后下部边缘多有无边穗。

"丁"字形的腰布过去称为"包卵布"，古称"犊鼻

■ 黎族男子服饰

■ 黎族男子的帽子

裤"。犊鼻裤过去多是素织，少量织有花纹、花边和刺绣。犊鼻裤有些地方绣上简单的花纹图案，有些地方则是没有任何花纹。

另一种下服为开衩裙子，这种没有任何花纹图案的裙子，主要为聚居在昌化江流域的美孚方言男子所穿。裙子式样，上窄下宽，用绳子绑腰。其他地方都没有这种服饰。

黎族男子装束与服饰，虽因居住地域环境以及生活习惯和语言的差异而各不相同，但不如妇女服饰那样类型繁杂，内容丰富，图案精致。男子装束和上衣差别不太大，而下服就有明显的地区差别。

另外还有黎族特殊服饰，是在传统宗教活动时穿戴的。比如有人生病后，请"三伯公"来"做鬼"，或在人死亡后，请人来丧葬入棺仪式以及娘母、道公做法术时所穿的服饰。

这些服饰男子服较多，妇女服较少，有些地方娘母只用民族头巾来代替服饰。如哈方言特殊服饰，长

三伯公 即道公，是活跃在壮族民间的神职人员。中原地区的正一教和太一教传入广西后，经过壮族本土文化的改造，已经和严格意义上的道教大相径庭，而是一种民间信仰化的宗教，其神职人员被称为"道公"。黎语对道公有两种称法，一种为音义是海南方言称"三伯公"，另一种是义借，把它称为"抬公"，巫师之意。有人久病不愈，就会请道公查病查鬼。

琼岛工艺

袖无领，无钮，无扣，也称为"大麻衣"。这种大麻衣宽而大，整条长至膝盖下部，是奥雅在"做鬼"时穿用的。

主要由麻纤维织成的棉布料，一般不需要染上色彩，多为原麻色，也有黑色。这种大麻布，在制作时工艺比较精致，平常不穿，只有"做鬼"时或村里有人死亡后，请人来作丧葬时才能穿用。

在"做鬼"时腰部必带绑好的箭筒或男腰篓。头戴着用藤编织成的帽子，并在前面插上三五根野鸡尾毛。

杞方言男子在"做鬼"时，则是用纤维麻织制裁剪成对襟开胸无领无钮的衣服，下穿前一块后一块的遮羞布，布料也同上衣一样都是用麻纤维来染色织制而成。在"做鬼"时腰部绑着腰篓，手持着一把五六寸的尖刀。

美孚方言的道公特殊服饰，长大衣，开胸长袖有布钮，穿戴时衣长至脚踝以下，用红色布绑住腰部，色彩多是土红色，衣领的沿边用8厘米置色，从领口至下摆处用黑色沿缝而成。

色彩比较调和，头戴花帽，在帽顶尖处插有野鸡尾毛，有人生病，请道公"做道"戴上铜条项圈和手镯，用作辟邪物以赶鬼。

阅读链接

黎族服饰，并非全是根据体形而定。服饰的尺寸因为各个方言区的地域语言、族源、族系、崇拜、祭祀、丧葬以及生活环境的差异，人们所喜爱的服饰款样标准自然也不相同。

关于黎族服饰，古代典籍有不少记载。如《汉书·地理志》记载："武帝元封元年，略以儋耳、珠崖郡，民皆服布，如单被，穿中为贯头。师古曰：'著时从头而贯之'"。

顾炎武的《天下郡国利病书》等也多有记载。苏轼在《峻灵王庙记》所说的"结花黎"就是美孚方言黎族妇女用传统的缬染技术织出来的。这就是历史资料所记载的黎族人民用棉花织成的富有文采的纺织品"织贝"。

负载历史的苗族银饰

银饰作为一种文化现象，在历史上曾被许多民族青睐，成为多元文化交流的载体之一。在众多的银饰中，以苗族的最有特色。苗族银饰的种类较多，从头到脚，无处不饰。除头饰、胸颈饰、首饰、衣饰、背饰、腰坠饰外，个别地方还有脚饰。这些都是由苗族银匠精心做成，已有千年历史。

■ 苗族银凤冠

在苗族的各种银饰图案中，寓含着巫术、信仰的图像占据装饰物的主要位置。

比如苗族背部银衣有一个"宗庙"的图像造型，这是苗族原始宗教信仰的核心图样，它具有统管全身银衣片的地位。所以，每一件银衣都少不了这个"宗庙"图样，而且大体稳定，不能随意创造、变形。

在苗族银饰丰富多彩的纹样图案中，最不可或缺的纹样是各种各样的图腾符号。而其中最为著名、也最明显地体现图腾意味的，当首推枫木蝴蝶纹。

枫木蝴蝶纹来自于苗族古歌里的"蝶母诞生"传说，讲述的是枫木生出了蝴蝶妈妈，蝴蝶妈妈生下了12个蛋，并由鹊宇鸟从中孵出人祖姜央，以及雷公、水牛、蜈蚣、龙、象、虎、蛇等亦神亦兽的众兄弟。

因此，枫树、蝴蝶和鹊宇鸟就成了苗族图腾崇拜的重要对象，相关纹样造型也就成为在苗族民间艺术中广泛存在的图腾符号。

苗族认为，除天地外，枫树是祖先之祖，因此枫树也要表现在银饰上。比如苗族银饰上的吊花，用得最多的就是三角形的枫叶纹造型。

同时，蝴蝶纹也几乎遍布所有银饰样式，如银围帕、银发簪、银耳环，银项圈、银压领、银衣片，以及银背带、银腰链、银手镯、银戒指、银烟盒、银围腰等，可以说凡是能见到的银饰样式，都能从中发现枫木纹和蝴蝶纹的造型。

鹊宇鸟有说是燕子的一种，苗族银饰中常常能见银燕

蝴蝶妈妈 苗族神话传说《苗族古歌》里所有苗族人共同的祖先。苗族称为"妹榜妹留"。《妹榜妹留》是祀祖歌，13年一次祭祖之年，由巫师在端肃的祭祖仪式上唱。苗族年轻姑娘衣襟上的蝴蝶图案和蝴蝶扣等蝴蝶神话文化实体，体现"祈蝴蝶妈妈庇佑"的心态。

■ 苗族头饰——大银角

雀的踪迹。在雷山丹江苗族中有一种银簪，主体就是由四只银雀组成，中间的一只被做得生动逼真，神态活灵活现，连一片一片的羽毛纹理都清晰可见，周边的小雀则抽象简略，层次分明。

在都匀王司苗族中流行的银雀发簪，主体同样是一只神态逼真写实的鸟，它展翅欲飞，身上的羽毛一片片微张，嘴里还衔着一个银笼。

■ 苗族银雀发簪

根据苗族民间的说法，这些存在于银饰上面的燕雀造型，其实都是鹡宇鸟的变形。还有人说，在贵州施洞等地苗族中所流行的银凤簪上的凤鸟，其原型也是鹡宇鸟。

在苗族银饰中，牛既可以与龙结合成牛龙纹，也有大量单独存在的牛纹造型。

贵州施秉一带流传的"响铃银项链"，其链身吊坠凤凰、蝙蝠、老虎、蟾蜍、鸡、马、鱼、人和一串响铃，项链正中则坠一圆盒，圆盒一面浮雕牛头纹，一面雕饰葵花纹，盒下坠刀、剑等吊饰，短剑上錾有很简单的龙纹。

在贵州西江、施洞等地苗族中影响很大的牛角造型银饰，当地人称之为银角，不仅形制庞大，而

图腾崇拜 发生在我国古代氏族公社时期的一种宗教信仰的现象。一般表现为对某种动物的崇拜，也是祖先崇拜的一部分，图腾主要出现在旗帜，族徽，柱子，衣饰，身体等地方。而目前对于图腾崇拜的研究也是对于原始社会研究的重要组成部分，故图腾崇拜现象蕴含着重要的历史人文意义。

且习俗讲究严格繁琐。

水牛是苗族始祖姜央的兄弟，传说苗族的先祖蚩尤头上就有角。有些地方苗族常常会把牛称为"牛妈牛爹"，逢年过节也不会忘了款待牛，要给牛吃酒肉和糯米饭。

他们从银匠那里取回新打制的银角时，除了付工钱外，还要送糯米饭等，以示感谢银匠给自家制成了吉祥物。在把银角拿回家里时要说："把门敞开，拉牛来了!"并备酒肉庆贺。

天文历法是我国上古时代最伟大的科学成果，苗族女性头顶银角是我国上古时代人们观测太阳原始仪器"挺木方牙文化"凝结的活化石。

此外，苗族银饰中数量较多的还有鱼纹、蛙纹、鸡纹、凤纹、求子图、蝙蝠纹、老虎纹、蜻蜓纹等，所有这些纹样，都源自苗族的原始崇拜，与苗族文化

蚩尤 中华始祖之一。上古时代九黎族部落首长，关于他的身份，有各种不同的解释。约在4600多年以前，黄帝战胜炎帝后，在河北涿鹿境内，展开了与蚩尤部落的涿鹿之战，蚩尤战死，东夷、九黎等部族融入了炎黄部族，形成了中华民族的最早主体。

■ 苗族银饰头围上武士执刀棍骑马奔驰造型

■ 苗族银头饰上的
响铃

中林林总总的巫教仪典密切相关。

苗族的银饰由于口传文化一代又一代的传承，漫长的迁徙和征战的历程在已经定居多年的苗族生活中依然刻下不可磨灭的烙印。

他们依然铭记着祖先迁徙和征战的千难万险，回忆着迁徙途中的风物，崇拜着祖先的勇敢顽强。所以，他们银饰上对苗族长期的征战、迁徙历程、迁徙文化多有反映。

比如在苗族的银花头围上，都有武士执刀棍骑马奔驰的造型，还有一种制作精细的银马围帕，中间是珠宝嵌镜面，左右两边各7名剽悍的男子头挽高髻手执兵器立于马背之上，相向而驰，造型生动。

这都是先祖们驰骋疆场不断西迁的征战场面，表现了苗族人民对先祖的缅怀纪念。

苗族妇女的衣背饰物银衣片上，也有男子骑马的

蝙蝠 由于蝙蝠的"蝠"字与福气的"福"字谐音，因此在中华文化中，蝙蝠是幸福、福气的象征，蝙蝠的造型也经常出现在很多中华传统图案中，如"五福捧寿"就是五个艺术化的蝙蝠造型围绕着一个寿字图案。

纹样，还有一种兵器银吊饰，将各种刀、剑、挖耳勺等挂在妇女的腰间，这都是当年征战迁徙的印痕。

苗族银饰的加工，全是以家庭作坊内的手工操作完成。根据需要，银匠先把熔炼过的白银制成薄片、银条或银丝，利用压、镂、刻、镂等工艺，制出精美纹样，然后再焊接或编织成型。

苗族银饰工艺流程很复杂，一件银饰多的要经过一二十道工序才能完成。而且，银饰造型本身对银匠的手工技术要求极严，非个中高手很难完成。

除了在锤砧劳作上是行家里手，在造型设计上苗族银匠也堪称高手。究其原因，一方面是苗族银匠善于从妇女的刺绣及蜡染纹样中汲取创作灵感；另一方面，作为支系成员，也为了在同行中获得竞争优势，苗族银匠根据本系的传统习惯、审美情趣，对细节或局部的刻画注重推陈出新。

工艺上的精益求精，使苗族银饰日臻完美。当然，这一切都必须以不触动银饰的整体造型为前提。苗族银饰在造型上有其稳定性，一经祖先确定形制，即不可改动，往往形成一个支系的重要标志。

阅读链接

苗族妇女自幼穿耳后，即用渐次加粗的圆棍扩大穿孔，以确保能戴上当地流行的圆轮形耳环，利用耳环的重量拉长耳垂。耳环单只最重达200克，而篓花银排圈也讲究越重越好，重者逾4000克。

苗族银饰上呈现出的"多"的艺术特征，也是十分惊人的。很多苗族地区佩戴银饰讲究以多为美。

耳环挂三四只，叠至垂肩；项圈戴三四件，没颈掩额；脐饰、腰饰倾其所有，悉数佩戴，呈现出一种重叠繁复之美。

内涵丰富的独木雕刻

　　黎族历史悠久，海南盛产木材，因此黎族的雕刻工艺中影响较大的是木雕，主要是独木器的制作及其在各种木器上进行雕刻装饰。独木器具是黎族人民长期以来使用的器具，它是数千年黎族传统文化的

■黎族木雕

又一实物见证。

黎族独木器即用一段原木雕琢、刳制各种用具。独木器种类很多、造型独特，雕刻图案精巧，内涵丰富，构成了黎族文化的重要内容，主要分生活用具、生产工具和宗教文化用具类型。

黎族历史上无碾米工具，脱稻谷皮采用木杵在木臼里舂捣。清代张庆长《黎歧纪闻》记载：

> 黎人不贮谷，收获后连禾穗贮之，陆续取而悬之灶上，用灶烟熏透，日计所食之数，摘取舂食，颇以为便。

舂米臼是用原木刳制，口径0.4米至0.6米，高0.4米至0.8米。在独木器外表有雕琢花纹图案作为装饰。如束腰、开窗、动植物图案、几何图案、劳动生活图景等。有的还填涂色。

历史上，黎族丧葬是用独木棺，据康熙《琼州府志·黎情·原黎》卷8记载："凿圆木为棺"。它是用一段大原木先锯出棺盖，然后用斧、锛、凿等工具刳制、凿刻，深约0.3米，长1.8米至1.9米。外形有圆、方两种。

制作独木棺与黎族的来源有一定关系，据说黎族

宗教文化 在中华文明史上，宗教文化作为我国传统文化的重要组成部分，不但在教徒的精神生活中发挥着作用，而且对社会的精神文化生活也产生了影响。浩如烟海的宗教典籍，丰富了传统历史文化宝库。

先民是乘独木舟到海南岛，而独木舟与独木棺是非常近似。先民是乘独木舟来，那么人死后，独木棺载着回到祖先那里。

黎族独木谷桶是取一段直径0.6米，长1.5米以上材质好的圆木，最好已是中空的，用凿略修整，在底部加上一块木板便成。在距底部5至6厘米地方挖一个约10×10厘米洞口，安上活动板为出谷口。

在谷桶外壁上，雕刻有各种图案花纹，主要是各种农作物与农业生产活动，以及祈求稻谷安全等装饰花纹。独木谷桶贮谷，既可以较好防鼠，又可以防潮。同它造型、功用差不多的还有米桶、蒸桶等独木生活用具。

黎族独木凳是用高0.25米至0.4米，直径0.2米至0.3米的原木雕琢。把原木头尾各留有3至4厘米厚作为凳面，中间部位凿空，在其周围留下6根至12根约4×4厘米的方柱子或圆柱子为支撑，柱脚向外稍弯曲，呈弧形，既减轻重量，造型又美观大方。

如果凳子过高或者为了增加它的层次感，往往把它制成二层，即中间加一个台面，这个台面是连接、支撑上下层的柱子。柱子太长易损，增加一个台面，既缩短柱子长度，增强牢固，又可增加美观。

有时还在凳面和边沿刻花纹图案，装饰美化。这种多脚独木凳，

木雕 是雕塑的一种，在我国常被称为"民间工艺"。雕刻用木材一般以不过硬为好，在传统建筑上用于垂花门、外檐、门窗、额枋、隔扇、屏风等。木雕艺术起源于新石器时期中国，在距今七千多年前的浙江余姚河姆渡文化，就已出现了木雕鱼。秦汉时期，木雕工艺趋于成熟，绘画、雕刻技术精致完美。

■ 海南三亚黎族木雕老寿星

■ 海南木雕神像

祠堂 是族人祭
祀祖先或先贤的
场所。祠堂有
多种用途。除了
"崇宗祀祖"之
用外，各房子孙
平时有办理婚、
丧、寿、喜等事
时，便利用这些
宽广的祠堂以作
为活动之用。另
外，族亲们有时
为了商议族内的
重要事务，也利
用祠堂作为会聚
场所。

造型古朴、独特，方便使用，坚固耐用。

独木凳曾是乐东黎族妇女出嫁时所带的嫁妆之一。独木凳除了以上造型外，还有形似椅子的树干或树根椅，即有靠背、椅面、脚，略加工便成，并适当装饰。

黎族独木蒸酒器是用原木凿雕，外形为两头大、中间小，高0.6米，上下口径约0.4米，腰部直径0.3米。在蒸酒器束腰处，留有一层约一两厘米厚的拱形隔层，在隔层中间钻有10多个孔，供水蒸气上升。沿隔层上方的器壁钻一小洞，约两厘米见方，为出酒口。

这种独木蒸酒器比陶制的轻便，不易打破。如果是沉香木凿制的，则酿制的酒有沉香木的香味。

另外一种重要的独木器为生产工具，主要是独木舟、独木水槽、平耙、点穴棒、独木铲、纺织工具、制陶的台垫、冶铁的鼓风箱、牛铃等。

黎族"刳木为舟，剡木为楫"，水上交通工具有独木舟、筏、桥、葫芦等。黎族传说他们的祖先是乘独木舟来到海南岛，传统民居"船形屋"就是根据倒扣的独木舟外形盖的。

独木舟多用木棉树干整段刳成，又大又直的木棉树易得，而且木棉树的材质松软，容易刳制，它干了之后很轻，搬动方便。

独木舟两头削尖，舟壁削成弧形，厚两三厘米，舟底和舱底削平。舟长2米至6米，宽0.4米至0.7米。根据大小、长短可坐1人至4人，用小木桨划水。船舷外侧及头尾有时还雕些图案花纹，甚至把头尾雕成龙头和龙尾，造型独特，花纹精彩，内涵丰富。

黎族独木牛铃是用一段长0.1米至0.25米，高0.1米至0.2米，厚0.05米至0.12米的原木挖凿，凿一个长方形的凹形，壁厚一两厘米。

在凹槽底部打两个眼，穿绳子系两条能摆动的小木棒吊在里头，挂在牛脖子上。

牛走动或吃草时产生晃动，两条小木棒来回碰撞铃壁而产生响声，便于放牧者寻找牛。

为了便于识别各家的牛铃以及体现各家主人的手艺，往往在牛铃上雕一些自家的标志及图案花纹。

黎族在与汉族长期交往中，受汉族道教文化的影响，特别是黎汉杂居地区或者与汉族交往较密切的地区，道教对黎族的影响较深。普遍建立土地庙、峒主公庙、祖先鬼屋即祠堂，内设祖先等诸神像，称"木头公仔"，另外还有祭坛、香炉等祭拜鬼神。

沉香 又名"沉水香"，"水沉香"，古语写作"沈香"。沉香香品高雅，而且十分难得，自古以来即被列为众香之首。与檀香不同，沉香并不是一种木材，而是一类特殊的香树"结"出的，混合了树脂成分和木质成分的固态凝聚物。

■ 海南三亚木雕财神像

最初的神像由汉人雕刻，渐渐黎族艺人也自己雕刻。拿一材质较好的圆木，大小根据雕刻神像需要，进行精雕细刻。神像表情严肃，头戴高帽，雍容华贵，一副大官的形象。刻好后有些还涂上颜色，供在庙里、祠堂、自家的神台上。

黎族刀筒由原木挖制，长约0.4米，宽0.1米至0.15米，筒深0.25米至0.3米。刀筒正面雕刻有多种精巧的几何纹、花草纹、人纹等图案，是道公举行宗教活动时的专用法器之一。举行宗教活动时，用来存放赶鬼的木刀及其他法器。

刀筒的造型、雕刻与军事、狩猎用的箭筒和狩猎用的尖刀筒等很接近，仅是尺寸大小及外表雕刻的图案花纹不同而已。

黎族的独木器具功能实用，造型古朴多样，雕琢精美，装饰自然，可以说独木器是集黎族木雕的立体雕刻和平面雕刻于一身，它贵在与生产、生活息息相关，实用与装饰统一。

阅读链接

另外黎族还有一件独木器"独木皮鼓"，独木皮鼓是黎族传统为招众、祭祀和作为乐器的工具。由一段长0.5米至1米，直径0.3米至0.5米，中间略大，两头略小的大圆木挖空，两端蒙上牛皮，用老竹根削成钉或铁钉钉紧。

还在鼓身上及鼓面进行装饰，在鼓身上雕刻人纹图案及其几何图案，并涂上颜色；在鼓面上进行绘画，主要描绘狩猎对象、狩猎图景等，主要有黄猄、野猪、鱼、捕鹿、人骑鹿、人骑马、人射猎物等。

据考证，独木皮鼓起源较早，早于铜鼓，即在原始社会已存在，而铜鼓则在百越族群进入奴隶社会时期才会铸造，而且从体制、图画、纹饰都有一系列渊源关系可寻。

独木皮鼓的文化内涵是相当丰富的，是研究黎族历史文化的"活化石"之一。

琼州第一名胜五公祠

五公祠位于海口东南与琼山接壤处，又称"海南第一楼"，建于1889年，五公祠是为纪念被贬来海南岛的唐宋5位历史名臣，即唐代宰相李德裕，宋代宰相李纲、赵鼎，南宋抗金将领李光和胡铨而建的。

这5位名臣虽遭贬谪，但丹心不泯，在兴修地方公益事业、传播中原文化和培养人才方面，为当地人民做出不少贡献。

五公祠由清朝雷琼道台朱采于1889修建，同时增建和重

五公祠里的李德裕雕像

琼州文化特色与形态

■ 五公祠主建筑
"海南第一楼"

道台 清代官名。根据清代的官阶制度,道台是省与府之间的地方长官。清代各省设道员,或有专责,或作为布、按副使。专责者有督粮道或粮储道,简称"粮道";又有管河道和河工道,简称"河道",其他如"驿传道","海关道","屯田道","茶马道"等。

建了观稼堂、学圃堂、西斋即五公精舍。

五公祠以"海南第一楼"为主体。因其是海南最早的楼房,故称"海南第一楼"。

海南第一楼是以上等木料精心构筑的红楼,楼高十几米,分上下二层,四角攒尖式的层顶,素瓦红椽,与四周烂漫的绿叶繁枝相辉映,显得格外地庄严肃穆。

二楼正面,"海南第一楼"匾额赫然入目,楼下正门悬挂"五公祠"金字匾额,楼内大厅挂"安国危身"匾额。

大厅内供奉五公神位和展出五公史迹,大厅圆柱挂楹联两副。

分别是:

唐嗟未造，宋恨偏安，天地几人才置诸海外；

道契前贤，教兴后学，乾坤有正气在此楼中。

只知有国，不知有身，任凭千般折磨，益坚其志；

先其所忧，后其所乐，但愿群才奋起，莫负斯楼。

观稼堂，原名为"观稼亭"始建于1615年，是一座六角飞檐大亭，它为纪念苏东坡指凿双泉，造福桑梓乡里的丰功伟绩而建。"观稼"两字，寓意为：观浮粟泉水旺盛，灌溉金穗千亩。

1889年，朱采在修建五公祠时，又重修了观稼亭，并改名为"观稼堂"。在他撰写的《五公祠记》中记载："五公祠左附观稼堂，循旧例藏琼崖历代名贤文物遗著。"自此观稼堂也就成为海南文人学子品茶赋诗与进行学术交流的地方。

朱采当时增建学圃堂和五公精舍的目的在于兴办学堂，讲学明道，发展文化教育事业。

■ 五公祠里的观稼堂

朱采（1833年—1901年），清代末期诗人。同治年间优贡生。武艺超群，深谙兵法。李鸿章很赏识他，向皇上具密疏推荐之，1833年任山西汾州知府，1888年累官广东雷琼道台。书室曰"清芬阁"。著有《清芬阁集》12卷。

当朱采在建学圃堂和公精舍后，向当时任两广总督的张之洞推荐聘请郭晚香来琼讲学。于是，郭晚香便来到了琼州。他来时还带了8000多册卷古版文献书籍，置于海南第一楼上，学圃堂就是他当时讲学的地方，五公精舍和东斋分别是学生和老师的宿舍。

郭晚香在学圃堂讲学不久便病逝，因后继无人，诸学生便由朱采保荐到广州的学海堂继续学业，五公精舍便用于收藏郭晚香的遗书和典册。

苏公祠为纪念苏东坡而建。他北返后，海南学子经常在他曾借寓过的金粟庵饮酒赋诗，进行学术交流，怀念这位"一代文宗"，久之便把该处题名为"东坡读书处"。元代在此基础上开设"东坡书院"，大书法家赵孟頫为之题匾。

书院几经变迁，至明代初期毁废，清代顺治、乾隆年间又对该祠进行重修。1889年，朱采在修建海南

■ 五公祠里的学圃堂

第一楼时对苏公祠进行了较大规模的整修，并增建山门等建筑。

苏公祠正厅陈列着苏东坡及其子和学生姜唐佐的牌位。大厅圆柱悬挂由朱为潮撰联的"此地能开眼界，何人可配眉山"楹联一副。

洞酌亭始建于北宋绍圣年间，因苏东坡"指凿双泉"而建。当时琼州郡守承议朗陆公品尝浮粟泉水后，赞其泉水甘甜，便在井泉旁建亭，经常邀请朋友、同僚在亭上品茗赋诗。

■ 五公祠浮粟泉

明代该亭被毁，清代乾隆年间，琼州学使翁方纲在原址重建，1869年，郡守戴肇辰又整修该亭。洞酌亭基本上保留了清代修建时的风格。清代海南学者王国宪重刻的《洞酌亭诗并叙》陈列在五公祠碑廊里。

浮粟泉是苏东坡在五公祠留存遗迹之一，有"海南第一泉"之美称。苏东坡来琼时，借寓金粟庵，这时间他教导当地百姓掘井之法，并亲自"指凿双泉"，一泉曰金粟，一泉曰浮粟，由于泉水其味甘甜，水源旺盛，常冒小泡浮于水面上很像是粟米，因此"汲者常满"。

楹联 又称"对联"或"对子"，是写在纸、布上或刻在竹子、木头、柱子上的对偶语句，其对仗工整、平仄协调、字数相同、结构相同，是一字一音的中文语言的独特艺术形式。对联相传起于五代后蜀主孟昶。它是中华民族的文化瑰宝。

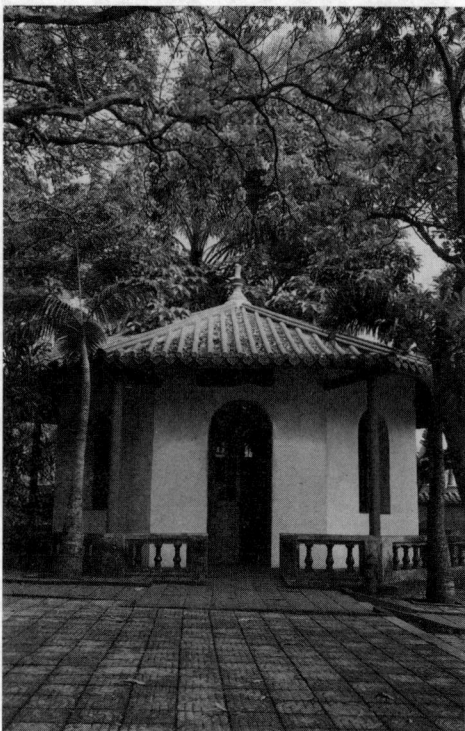
■ 粟泉亭建筑

坐化 修行有素
的人，端坐安然
而命终。佛门常
用的坐式是结跏
趺坐，修禅入定
大多采用这种坐
式。据说，定力
深的信徒，临终
时能够预知时
间，安然而逝。
坐化又称"坐
亡""坐脱""坐
逝"等。

浮粟泉历经近千年沧桑，从不枯渴，不论大旱或大涝水位都保持现状不变。传说取水之人只要在井旁用脚一跺，井底下如源源不断地冒出水泡，那么来年一定会财源滚滚，生活蒸蒸日上。

粟泉亭始建于1612年，为纪念苏公"双泉"造福桑梓乡里而建。该亭在清代列为八景之一的"苏亭蘸翠"。浮粟泉历代均有重建修。

琼园是扩建五公祠时增辟的一组园林古迹群。主要建筑有洗心轩与游仙洞。"琼园"两字取："南溟奇甸，琼台胜境"之意。

洗心轩是一间亭榭式的古建筑，四周辟廊。正门走廊圆柱悬挂朱为潮主持修建洗心轩时撰写的楹联意义深远，耐人寻味：

> 一水可曾将耳染，
> 纤尘绝无上心来。

这副楹联的来源包含着一个传说：

据传朱为潮修建琼园时，应如何规划，同僚众说纷纭，莫衷一是，使他对此拿不定主意。有一天他亲率同僚到实地勘察地形。众官又为此争论不休，加上正是酷热的晌午时分，使得他烦躁不已。

这时，他走到浮粟泉边，叫随从取水止渴，并用泉水洗脸清热，突然间他感到大脑豁然一亮，琼园的规划在大脑中已清晰成形。

他便决定在琼园建一中心建筑，并为之命名为"洗心轩"，以此告诉后人，在心烦意乱的时候，到此游一游，喝上一口清心爽口的浮粟泉水，心中所有的烦恼与杂念将远离而去。

游仙洞是用海南火山岩垒砌而成的人工假山，它根据民间传说而建：

据说宋代有一道士，自幼出家修道，修炼多年，总不能成仙得道。一天，他在梦中得一神仙点化说：大海中有一神龟，在你垂暮之年访得此龟，并在其首坐化，定能成仙。醒后，他苦思不解其意，便决定外出云游寻访。

苦经10多年，踏遍了东南沿海，总遇不到梦境中的神龟。有一天他来到雷州，听说苏东坡被贬在海南，便决定到岛上游一游，顺便结

■ 五公祠景区里的洗心轩

识和请教于这位大学者。

当他踏上这块神奇的荒岛时，他顿然一悟，海南的地形正酷似他梦中的神龟，于是他便到儋州拜访苏东坡，请教龟首在何处。经过几个月的交往，这位道士为苏东坡的博学所折服。

而苏东坡也深被这位道士的精神与决心所感动，于是便告诉他说："琼州地形似神龟，郡城琼山是龟首。"

道士便辞别了苏东坡来到琼山探访他梦中的龟首。几经折磨他终于发现了五公祠正是他魂牵梦回要找寻的地方，于是他便在游仙洞这地方结茅苦修。

他的意志与决心感动了玉皇大帝，一天玉皇大帝派来了一位神仙把他引接到天界授予了神位。因为这位道士是在此得道成仙，神游而去，为纪念这位道士坚韧不拔的意志便在此建起了这座假山，并命名为"游仙洞"。

阅读链接

五公祠之所以称为海南第一楼，其根本原因就在于建筑规模和所奉祀的五公，他们高风亮节的品德在当时都堪称第一。

李德裕，唐赵郡人，官历翰林学士、观察使、兵部左侍郎、左仆射，唐宣宗时因受李宗闵、牛僧儒集团中的白敏及其同党排斥被贬海南。李纲，福建邵武人，是中国历史上一位民族英雄，北宋末年一位有魄力、有才华的宰相，因受奸臣陷害被贬海南。李光，南宋越州人，进士出身，官居县令、参知政事、资政学士等职，因极力反对秦桧而被贬海南。赵鼎，山西运城人，南宋进士出身，曾任宰相，因反对秦桧的投降主义被贬海南。胡铨，江西吉安人，南宋进士出身，先后任知县、枢密院编修官、秘书少监、起居郎、参知政事、资政学士等职，因反对与金议和而被贬海南。

海南居民分属于汉、黎、苗、回、藏、彝、壮、满、侗、瑶等多个民族。千百年来，古朴独特的民族风情使本岛社会风貌显得更加丰富多彩。如黎族苗族三月三节、竹木舞、咬手定情等。

其中最具有特色的便是黎族。黎族人民创造了丰富多彩的口头文学，其形式活泼，题材广泛，内容丰富，世代相传。主要包括故事、传说、神话、童话、宗教家谱等。黎族歌谣多是独唱、对唱，用黎族特有的民乐伴奏，往往和音乐、舞蹈连在一起，歌谱曲，曲载歌，三者一体，有鲜明的民族特色和浓厚的古风，讲究节奏韵律，易于上口传颂。

魅力绽放

琼州风韵

古老神奇的黎族民间文学

　　黎族虽然没有本民族文字，但创造了丰富多彩的口头文学。黎族民间文学，质朴、野性而神秘，充满神奇的原始魅力，是本民族文学历史长河的源头。其种类齐全，体裁多样，神话、传说、故事、歌

■ 黎族风情

■ 黎族图腾图案

谣、史诗、谜语、谚语，凡人类早期口头创造的文学品种，在黎族民间文学里比比皆是，尤其突出的是神话故事和歌谣，在黎族文学中占有重要位置。

神话《大力神》在黎族中广为流传。神话说：古时天地相距很近，天上有7个太阳和月亮，人类深受其苦，难以为生。有个叫大力神的人，在一夜之间把天拱上高空，第二天又做了一张很大的弓箭，把太阳和月亮各射下了6个，为民除了害。

那时，大地一片平坦，大力神用七彩虹做扁担，从海边挑来大量沙土造山垒岭，继而又用脚踢出深溪大河，而大力神洒下的汗水，则成了奔腾不息的河水。

大力神完成了开创世界大业后，便溘然长逝。临死前，担心天空会塌下来压到百姓，便撑开巨掌，把天牢牢地擎住。他筋疲力尽倒下后，仍高高举起巨掌，化为五指山。

口头文学 是口口相传的文学作品，是民间文学的主要流传方式，其内容可以包括诗歌、故事等。在民间口头文学中，打油诗、民间歌谣、民间故事是数量最多的三类。口头文学最本质也是最重要的特点就是产生于民间，流传于民间，发扬于民间。因为上古时期，在文学产生之前，人们想表达自己的感情，只能通过口头的交流。

"大力神"这个形象，闪耀着劳动创造世界的思想光辉，是黎族人民勇敢与智慧的化身。

黎族民间传说《约加拉西鸟》是一篇图腾崇拜的代表性作品。

相传，黎族祖先有一个女儿，母亲在她出生后不久就去世了。一只约加拉西鸟就含着谷粒来喂养这个婴儿，婴儿慢慢长大成人，可约加拉西鸟再也不见飞回来。

为了报答约加拉西鸟的养育之恩，后来黎族妇女在身上文鸟翅膀的图腾来纪念约加拉西鸟。

在黎族民间广为流传的《鹿回头》的传说，揭示的是对人间美好幸福生活的向往。

相传很久很久以前，有一位英俊的黎族青年猎手，头束红巾，手持弓箭，从五指山翻越99座山，涉过99条河，紧紧追赶着一只坡鹿来到南海之滨。

滨海风光

琼州文化特色与形态

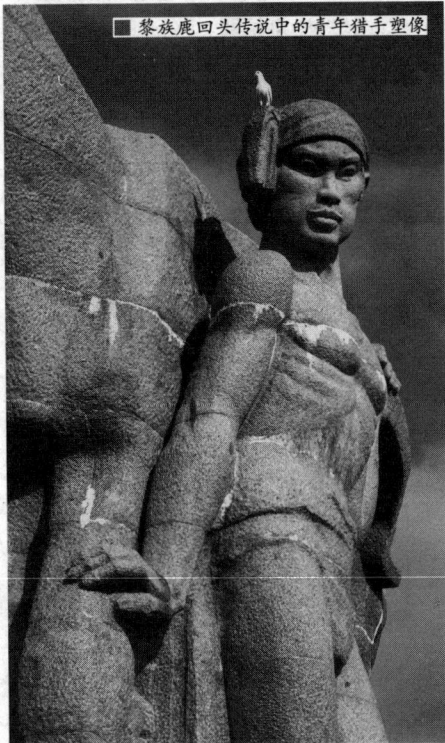

黎族鹿回头传说中的青年猎手塑像

前面山崖之下便是无路可走的茫茫大海，那只坡鹿突然停步，站在山崖处回过头来，鹿的目光清澈而美丽，凄艳而动情，青年猎手正准备张弓搭箭的手木然放下。

忽见火光一闪，烟雾腾空，坡鹿回过头变成一位美丽的黎族少女，两人遂相爱结为夫妻并定居下来，此山因而被称为了"鹿回头"。

另一篇动人的传说《绣面的传说》，讲述的是黎族文面的来历。相传很久以前，有个名叫乌娜的小姑娘，她6岁就会绣花，8岁就会下田种地。而且乌娜唱的歌，天上的云彩也会停下来倾听，水里的鱼儿听了欢喜得待在水面上不愿离去。

小乌娜13岁时，像天仙一样美丽，不少年轻小伙子来向她求婚。但乌娜只看上了邻村的劳可哥哥。劳可聪明、健壮、勇敢、勤劳。谁知，就在这年，皇帝派人到民间选美，看上了乌娜。

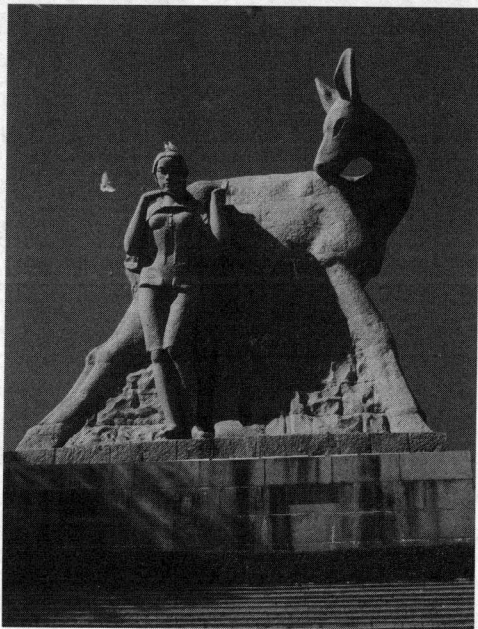

■ 黎族《鹿回头》传说塑像

乌娜为了躲避皇帝和官兵的纠缠，用尖尖的荆棘，往自己的脸上乱刺，刺成花花点点，血流满面。最终，乌娜嫁给了劳可。

为了逃避抢劫，他俩便到更荒凉的深山里去居住。他们种山栏、纺织、狩猎，用勤劳、勇敢和智慧开辟了一个新的家园。不久他们生育了子女，为了不再受皇帝的抢劫，乌娜要女儿也在脸上刺上一道道的疤痕。一代传一代，后代黎族妇女便都纹面了。

在黎族民间，还有许多关于民族诞生、民族之间友好交往和人文风物的传说。这些动人的传说故事，充分反映了黎族人民热爱生命，热爱自然，注重友谊的博大情怀，以及追求幸福生活的美好愿望。

《甘工鸟》是海南岛黎族民间故事，缘起于保亭

纹面 本是部落间区分的标志，后演变成为区别教派和家族的标记，并发展成为美的象征，现已普遍流行，南方有些黑人部落还纹身。黎族妇女最特别的传统是，女孩子到了18岁就要由族里德高望重的老人为她纹面绣身，目的是保护女孩子不被外族部落的人抢走，在她们眼里，纹路越多越复杂，人越漂亮。

七仙岭，是广泛流传于海南黎族地区的古老黎族爱情故事：

黎家姑娘婀甘心灵手巧，所织的黎锦图案多样，色彩斑斓，引得蝴蝶前来采花。婀甘唱的山歌十分动听，连天上的飞鸟都停下来侧耳倾听。婀甘跳起舞来连彩云都绕着她转。

东村有个青年猎手叫拜和。他勤劳勇敢，箭射得百发百中。婀甘和拜和相爱了。两人在槟榔树下立了山盟海誓。

婀甘与拜和恋爱的事传到恶霸峒主耳里，有钱有势的峒主从中破坏，把拜和打成重伤，强抢婀甘做自己的儿媳妇。婀甘坚决不从，偷偷地把身上所带的银首饰舂成一对翅膀，插上翅膀变成一只自由的鸟，飞向蓝天……

一天傍晚，从天上飞来一只鸟，这只鸟就是婀甘，拜和明白后也将身化作鸟，跟随婀甘而去……

从此，乡亲们再也见不到婀甘和拜和了，只是在七仙岭的上空，经常看到有两只美丽的鸟儿在自由自在地飞翔着，"甘工！""甘工！"歌声不断。人们都叫它们甘工鸟，黎家人把它称作"吉祥鸟""爱情鸟"，与甘工鸟的故事一样，许多的黎族传说在民间世代口头相传。

阅读链接

在鹿回头山顶的西麓，有一块巨石，一截两半。一半傲立在山顶端，一半平躺在脚下，伸向海里，当地人称为相伴石。

相传是位女子为了等待打猎的恋人相守在山顶，遥望远方，长久化作了一块立石。

恋人归来后，听到村中人们的诉说，奔向山巅，长跪在少女石旁，誓死相依，便化作了一块平躺的石头，希望在恋人累的时候，能够在他的身上休息做伴。

歌颂爱情的海南三月三

海南"三月三节"在每年的农历三月初三，是海南黎族、苗族人民最盛大的民间传统节日，也是青年们的美好日子，又称"爱情节""谈爱日"。黎语称"孚念孚"，是海南黎族、苗族人民悼念勤

黎族三月三节日

劳勇敢的祖先、表达对爱情幸福向往之情的传统节日。

"三月三"历史悠久，宋代史籍中就有与"三月三"相关的记载。

宋范成大《桂海虞衡志》记载：

> 春则秋千会，邻峒男女装束来游，携手并肩，互歌互答，名曰作剧。

自古以来，每年农历三月初三，黎族、苗族人民都会身着节日盛装，挑着山兰米酒，带上竹筒香饭，从四面八方汇集一起，或祭拜始祖，或三五成群相会、对歌、跳舞、吹奏乐器来欢庆佳节。青年

滨海风光

琼州文化特色与形态

■ 苗族三月三节日

男女更是借节狂欢，直至
天将破晓。

"三月三节"的来历有
多种说法：

第一种说法称，上古洪
水时期，聚居在昌化江畔的
黎族遭受了一次特大洪灾，
人畜死亡，只剩下一对叫天
妃和南音的兄妹。兄妹两人
长大成人以后，决定分头寻
找伴侣，相约每年三月初三
再回到燕窝岭下相会。

三月三对歌塑像

结果几年过去两人无
功而返。妹妹见找不到别人，就忍痛用竹签将自己的脸刺上花纹，又
用植物染上了颜色，不让哥哥认出自己，以结夫妻，从而使种族得以
延续。

于是，在一年的三月初三，他们就在燕窝岭下结为夫妻，他们在
燕窝岭上纺纱织布，生儿育女，开荒种田，挖塘养鱼，为黎族人民繁
衍了后代。这也是黎族"三月三节"和纹面来历的传说。

以后每年三月初三，南音和天妃娘子跟子孙们便回到这里迎接春
天。许多年过去后，天妃和南音沉睡在山洞里化成一对石头。黎族后
代为了纪念这两兄妹传宗接代的劳绩，把石洞取名为"娘母洞"。

每年三月初三，黎族男女老少都要带着糯米、糕饼、粽子和山兰
米酒，从四面八方赶来娘母洞前纪念祖先，以对歌和舞蹈祈求本民族
繁衍幸福。"三月初三"也就自然成了黎家的盛大节日。

苗族的传说与此相似，后代为了纪念人类的祖先伏仪和李妹仁兄

海南原住民风情

妹的婚配，把三月初三定为本民族先祖结婚的日子。同时，苗寨禁止在三月间结婚，表示对祖先的崇拜。每年三月初三苗族家家户户都要杀鸡和煮五色米饭，祭祀先祖，祈求平安。

第二种说法，相传在很久以前，石洞有一只作恶多端的乌鸦精，使黎民百姓不得安居乐业。

一天，乌鸦精抓到了美丽的黎族少女俄娘，这年三月初三，俄娘的心上人阿贵带尖刀弓箭上山救俄娘，被乌鸦精害死。俄娘闻讯悲痛万分，终于趁乌鸦精熟睡之机杀死了它，为阿贵报了仇，为黎族百姓除了大害。

俄娘终生未嫁，每年农历三月初三这一天她都会到俄贤洞唱她和阿贵恋爱时的情歌。后来，黎族人民为了纪念她，把这山洞取名为俄娘洞。

每年三月初三这一天，附近的未婚黎族青年男女都会在俄贤岭集会，唱着情歌寻找自己的意中人。

还有一种说法，据说三月初三是为了纪念黎族的远古祖先"黎母"诞生、庆祝黎族人民幸福吉祥、繁衍昌盛而举行的节日。

在"三月三节"这天，黎族村寨的男女老少从四面八方来到五指山一带。会场一般设在开阔的橡胶林里,头上绿叶蔽天,脚下"叶毯"铺地,幽邃、凉爽、安谧。

在这一天,所有人身着盛装,小伙子们捕鱼,姑娘们做饭烤鱼,然后把山兰酒等祭品供于有天妃和南音化石的岩洞口。

拜祭毕,青年们来到活动会场,射箭、爬竿、摔跤、拔河、荡秋千等,尽情地欢庆着,用歌声用舞蹈表达对生活的赞美,对劳动的热爱,对爱情的执著追求,整个节日,气氛欢快热烈,令人陶醉。

同时,青年男子背枪荷箭到深山密林去找猎物,把猎物献给心爱的姑娘。

当夜晚来临,山坡上、河岸边,青年男女燃起熊熊篝火,姑娘们身着艳丽的七彩衣裙,手戴各式镯子,小伙子腰扎红巾、手执花伞,开始欢庆活动,在节奏明快的乐曲声中,跳起了古老独特的竹竿舞、银铃双刀舞、槟榔舞、打柴舞、打猎舞等富有民族特色

祭品 即祭祀时用的物品。根据不同种族和不同地域,祭品的形式十分丰富,有动物如猪、牛、羊、鸡,也有植物,还可以是衣物等物品。在远古时代和愚昧时代,甚至有拿活生生的人作为祭品;暴政时期也曾出现过用活人陪葬与祭祀的情况,十分残忍。

魅力绽放

琼州风韵

■黎族三月三节日

■ 三月三节日

琼州文化特色与形态

吹木叶 我国民间流传的一种吹奏乐器。流行于西南一带的农村中。也称"吹叶"，即吹树叶发声之意。可以吹奏的叶子有10多种，吹奏时，将叶子横放于唇下，用手指扯住叶子两端，开着上唇吹奏，能发出清脆悦耳、优美动听的音调来，用以伴奏山歌或独奏各种乐曲。

的传统舞蹈。

歌声此起彼伏，通宵达旦，男女青年各坐一边，互相倾诉爱慕之情，如果双方感情融洽，就相互赠送信物。姑娘们将亲手编织的七彩腰带系在小伙子腰间，小伙子则把耳铃穿在姑娘的耳朵上，或把鹿骨做的发钗插在阿妹的发髻上，相约来年的三月初三再相会。

三月初三也被称为苗族的"情人节""对歌节"。苗家姑娘来到歌场边，往往都由她们的阿婆给穿戴银饰花环后才上场。因为一年一度的对歌节，不但是喜庆春耕播种，也是苗家青年男女寻觅心上人的大好时机，所以，对歌不光是吹木叶，跳团圆舞，它也包含着美妙欢乐与人生哲理。

在三月初三日这天，苗族姑娘都换上节日盛装，年轻的小伙子则口衔木叶成群结队地来到对歌场，庆祝春耕播种的同时，大家还在人群中寻找心上人。

白天，天空明净无云，太阳柔和而温暖，鸟儿的欢叫声与小溪淙淙流淌声交织在一起，组成了一支美妙的春的乐章，使人犹如走进梦幻一般。

当山地边飞来一阵阵动情的歌声时，从大路上、田埂上、山腰上来了一群群穿着盛装的男男女女，年轻的后生嘴衔木叶边走边吹，漂亮的姑娘打着花伞边走边唱……

夜晚，在那皎洁的月光下，苗家男女你一群我一伙，自由自在地对唱情歌。

在情歌绵绵的对唱场，几个苗家后生在邀一个美丽丰满的姑娘对歌，而那姑娘只是微微地一笑，闭口不唱。

她在暗自从周围物色对手，姑娘瞄准一个后生对唱后，没被选中的对唱的后生便自动退出，另找对象求歌去了。那些悦耳动情的歌声搅动了人们的心，仿佛喝了一碗醇香的苞谷烧，心都醉了……

> 伸手给哥咬个印，越咬越见妹情深。
> 青山不老存痕迹，见那牙痕如见人。

这是流传在海南省苗族的一首歌谣。"咬指定情"是海南苗族男女青年表达爱情的一种独特方式。

三月初三，在槟榔树下，芒果林中，小河溪边，山坡草地上，青年男女唱起美妙而动听的歌曲，抒发自己的理想、情趣和心愿，寻求

■苗族歌舞

苗族舞蹈

自己的意中人。

随后，小伙子拿起弓箭、鱼叉到河溪里抓鱼，姑娘们在溪边烤筒饭和煮鱼，直至太阳落山才散去。如果小伙子相中心爱的姑娘，晚上便用口弓、鼻箫、树叶吹着婉转动听的曲调，来到姑娘的"隆闺"外唱开门歌。

如果姑娘不唱闭门歌，便会开门走出来，一起到草地上或竹林里点燃篝火对歌跳舞，互表爱慕之情。

这时，姑娘听了小伙子的求爱后，便羞答答地拉起小伙子的手咬一口，如果咬得很轻，而且很有礼貌，小伙子便明白姑娘是表示拒绝或暗示自己有了意中人。如果姑娘咬得很重，甚至咬出血印，则表示姑娘对他十分倾心，愿意接受小伙子的爱。

"咬手"定情后，他们便各自拿出最心爱的手信，如戒指、耳环、竹笠、腰篓之类的礼品，互相赠送，作为定情物，以示终生相伴。

阅读链接

"三月三节"是黎族、苗族千百年流传下来的文化资源，是琼州文化最具体最典型的表现，也是青年男女追求爱情和幸福的传统佳节。

其民俗主要特色与价值是生产、生活、娱乐等整体民俗风貌的集中体现，是世人了解琼州文化和历史的窗口。"三月三节"有着非常广泛的群众基础。随着时代的变迁，庆祝内容也日益多样，但对歌、民间体育竞技、民族歌舞、婚俗表演仍是最基本的内容。

海南璀璨的红珊瑚——琼剧

琼剧也称"琼州戏""海南戏"，与粤剧、潮剧和汉剧同称为岭南四大剧种。

是在海南流行的弋阳腔杂剧的基础上，吸收闽南戏、徽调、昆腔、潮州正音戏、白字戏、广东梆黄、和海南民歌、歌舞八音、傀儡戏、道坛乐曲等逐渐形成的一个弋阳腔支系的地方剧种。被称作"南海的红珊瑚"。

琼剧历史悠久，是流行于海南省、广东雷州、高州和广西合浦一带的地方剧

琼剧表演

■ 琼剧表演

八音　因采用八
大类乐器演奏而
得名。八大类乐
器为：弦、琴、
笛、管、箫、
锣、鼓、钹。海
南俗称的八音
乐，既包括乐
器、乐曲，也包
括乐队。海南八
音乐曲丰富，按
习惯分为大吹
打、锣鼓清音、
清音和戏鼓四
类，有汉唐时期
以来我国古音乐
的遗韵。

种，由潮剧、闽南梨园戏吸收当地人民的歌谣曲调发展而来。

琼剧用海南方言演唱，清代俗称"土戏"，琼山、海口一带俗称为"斋"，清末又名"海南戏"；因其形成于古称琼州所在地琼山，因此谓之"琼州戏""琼音"。

"琼剧"之称始于仿傀偏戏产生的，明清时期，福建正字戏和白字戏都曾在海南岛演出。《海口舆地志》和《海口福建会馆碑志》均有"闽广大船停泊白沙津深……常有潮广剧演唱"的记载。

所谓"潮广剧"，即正字戏和潮剧。据此，土戏是在正字戏、潮剧曲调的基础上，改用土音演唱，其间又吸收当地民歌及歌舞八音乐曲，于清代中叶以前发展形成。

清代乾隆年间，海口先后建起福建、高州、潮州、五邑会馆，这些会馆门前建有固定石戏台，而且年年集资聘请家乡戏班来海口演出。有些戏班还设科班教授门徒，有些艺人则在海南岛落户。如光绪年间琼剧名净黄匡生的先祖，就是乾隆时跟班会至海南落户的。

这些外来的戏班，对土戏的发展起了推动作用，使它的表演艺术渐趋成熟。咸丰年间至光绪年间是琼剧较繁盛和变化较大时期。

粤剧艺人流入海南岛，与琼剧艺人互相拜师结亲，有的开设科班教戏，有的插班演戏，对琼剧的兴盛起了很大的促进作用。

这时，粤剧的二黄、梆子腔等声腔，以及新、老"江湖"等均为琼剧吸收，又在这些声腔的基础上创造了海南腔等板腔，使琼剧从曲牌体逐步蜕变为板腔体，原有的锣鼓谱、小曲、帮腔等也被摒弃。

琼剧的音乐唱腔可分为两大类：前期为"曲牌体"，并有帮唱。后期则演化为"板腔体"，原有的曲牌体和帮腔逐渐淘汰。

板腔体分中板、程途、苦叹板、腔类、专腔专用类五种板式。还有一种专门操台的锣鼓谱。此外，还吸收了海南道坛乐曲如"芙蓉""志高""金线""金字科""灵宝科"等曲调以及其他民间音乐、歌舞

梆子腔 戏曲四大声腔之一，因以硬木梆子击节而得名。陕西的同州梆子和山西的蒲州梆子是最早的梆子腔剧种，它们对梆子腔基本音乐风格的形成起了很大的作用。秦腔、山西梆子、河北梆子、豫剧、山东梆子等，均属梆子腔。

■ 琼剧表演

音乐。

琼剧唱腔以中板为核心，这种唱腔系由帮腔的七字板演变而成，有中、慢、快、散、正线、反线、外线、内线等不同板式。有较大的适应性。不论生、末、净、丑、杂各行当，在表演喜怒哀乐的不同感情变化时都可以使用，是琼剧较为古老的唱腔。

琼剧武功属南派，拳宗少林，曾使用真刀真枪，也有杂技表演。清代末期有不少名武师，能使用10多件武器，并有飞剑穿柱、穿刀圈、舞火架等特技。

琼剧的布景，最早年大小班均在台中挂一白布，画乐工图案。文、武场乐工分置于左右侧。清末改为黑色或花布幕，两侧挂观众赠送的彩幅。

琼剧的服装一般只用汉明两代的冠服。官服蟒袍全是绒绣，书生、村姑、强盗只用白、黑、蓝、红等色的市衫、裙、袍套。靴鞋均是薄底；兵皂、强盗穿草履。

琼剧的伴奏乐器原来只有锣、鼓、笛、唢呐，称"锣鼓吹打"。后来有竹胡、二弦、二胡、椰胡、提琴、三弦、月琴、秦琴、琵琶、扬琴等30多种。以竹胡、二胡、二弦、大唢呐、小唢呐、大喉管、短管为主奏乐器。

■ 琼剧服装

椰胡 我国擦奏弦鸣乐器。形制如板胡。音箱用椰子壳制作，面蒙薄桐木板，背开5个出音孔。音色浑厚，用以合奏或伴奏。是黎族、汉族弓拉弦鸣乐器。流行于海南、广东、福建等省。

琼剧的角色行当分为五大行，即生、旦、净、末、丑。

生行包括正生、贴生、武生、小孩生。正生为文戏佬倌，又名"文雅小生"。以唱、做功为重，扮相英俊，喜手持白纸小扇，举止动作温文尔雅、潇洒大方。

主要步法为方步。多扮演贫苦士子或富户之子。表演要求儒雅秀逸、舒展斯文、风流倜傥。

清代末期，正生也扮演有武打的文戏，称文武小生，小生历代出过不少名家，如清代的金公仔、汪桂生、黄银彩、陈俊彩、郭庆生。

贴生也是文戏佬倌，可分为二贴、三贴，为正生因故不能演出之替代角色，唱做功与正生同，常有由贴生晋升正生的。戏中有较年少的书生、公子、官宦等重要副角，多由贴生扮演。

武生是武戏佬倌，多跟武科师傅习练武术，武功宗少林功夫。身手敏捷，拳脚功夫、棍棒功夫必须过硬，舞台表演使用兵器均为真具。武生分正小武、贴小武、大武。

小孩生也是文戏佬倌，也叫"娃娃生"，一般由年

133

魅力绽放

琼州风韵

■ 琼剧表演

■ 琼剧表演

轻的学徒担任。表演上要求活泼好动，天真顽皮，并可随意发挥，如《秦香莲》中的春哥，《乞丐捐道》中的梅奴和《乾隆皇游江南》中的绪儿等角色，均为小孩生应工。

旦行有正旦、贴旦、花旦、老旦、彩旦、梅香旦、武旦。

正旦多扮演贤淑含蓄，仪表庄端的女性角色，不论男旦、女旦，均用假嗓唱戏。后来有些伶工改用"子母喉"即真假嗓，个别艺人则用"真嗓"。

重于唱、做功，讲求唱腔亮丽、清脆、娇嫩，身段优美，步法轻盈。步行时，多用后脚尖顶前脚跟，而且有碎步、蝶步等多种步法。

剧中的已婚年轻妇女，大户闺门，小家碧玉等角色，多由正旦扮演。表演时，常手执小扇或手帕。动作灵巧而不失持重，矫健而不失娟秀，神态温柔而略含羞涩。

正旦也可细分为闺门旦和青衣。清代末期男旦张禄金、姚赛蛟、陈成桂，女旦龙波、陈安香、琼丽卿等，均为著名正旦。

净行有大花脸和二、三花脸。末行有黑须末、白须末。丑行有杂角、花生。

另外，琼剧角色行当中尚有已消失的杂经头和四大金刚。旦、净唱假嗓，其余行当唱真嗓。文戏重唱不重做，许多艺人都以唱闻名。

琼剧的艺术遗产丰富，它的传统剧目分3部分：

一是以唱功为主的文戏，源于弋阳腔，杂以四平、青阳二腔，属曲牌体制，滚唱发达，带帮腔。如《槐荫记》《琵琶记》等800多出。

二是以做功、武打为主的武戏，剧目有《八仙庆寿》《六国封相》《古城会》《单刀会》以及《三国》《水浒》《薛家传》《杨家将》《封神演义》等历史、神话小说戏400多出。

三是文明戏，又称"时装旗袍戏"，剧目有《救国运动》《空谷兰》《断肠草》等130多出。

阅读链接

关于琼剧起源的问题，自古以来至少可以归纳出4种观点：

一为模仿说。也就是说，琼剧是明代初期的海南人对流行于元代的木偶戏的模仿；二为外来说。琼州土戏的前身是杂剧，来源于福建。崖州人过去称琼剧为闽南杂剧、琼州杂剧；三为土著说。此说在琼剧界颇有影响。琼剧起源于海南当地民间歌谣，是一种土生土长的艺术。作为琼剧的核心"中板"先于琼剧，其源头为海南的民间歌谣；四为宗教说。即琼剧来源于道教。

这4种琼剧起源观，虽然都有一定的理由，但未必都很准确。正如我国戏曲的起源一样，琼剧的发生与形成也不能简单地归因于某一要素，而应从多元的文化背景中去理解诸种要素的影响和作用。

海南的"珍珠"崖州民歌

崖州民歌是海南民歌的古老歌种之一，是起源、流行于三亚、乐东黄流及古崖州属地人民群众中的口头文学，是以口头传唱和手抄文本流传的民间歌谣。

崖州民歌是崖州人民在生产、生活中抒发感情、唱颂美好生活的

黎族歌舞

民歌，是樵夫平民渔翁百姓之歌。古老的崖州民歌，没有任何花哨的修饰，民歌歌手将热情的曲调注入吟唱中，把对生活的热爱用质朴的语言淋漓畅快地一一释放。

972年，宋太祖开始设置崖州，州治设于三亚之崖城镇，领宁远、吉阳两县。从此，产生、流传在这一带的民歌统称"崖州民歌"。

崖州民歌是用客语方言咏唱、格律异常严谨且自成一体的一种汉语民谣。

《崖州志》记载："崖语有六种。"其中写道"客语，与闽音相似，永宁里、临川里、保平里及西六里言之。与郡语同。"这里所说的"客语"，就是用于咏唱崖州民歌的汉语方言。它属闽南语系，是福建移民在晚些时候才带来的，故沾了个"客"字。

《崖州志》上尽管没有明确记载崖州民歌的来源出处，但是从崖州民歌年代推断，应该兴起于宋代，繁盛于清代后期。起初只是文人墨客之间为了表达感情而吟唱，慢慢传入民间在劳动人民中自由吟唱。

崖州民歌的形成，主要有两大要素：

一是中原移民不断迁入，把各地民歌传入崖州。有明代叶盛的《水东日记》中记录的一首反映家庭生活的民歌：

南山头上鹧鸪啼，见说亲爷娶晚妻；
爷娶晚妻爷心喜，前娘儿女好孤凄。

■ 黎族歌舞

闽南语系 闽南作为一个特定的文化传承，其影响实为深远，受其他方言影响之地也通行闽南语，也是有着大体一致的文化认同，因此他们也同属闽南根源。我国历史上多次发生难民南下进入福建，造成原有"百越族"土著民族的语言发生变化，进而形成了闽南语系。

鉴真 唐代僧人，律宗南山宗传人，著名医学家。晚年受日僧礼请，东渡传律，履险犯难，双目失明，终抵奈良。在传播佛教与盛唐文化上，有很大的历史功绩。

明代丘齐山作品中一首歌咏真诚爱情的民歌《新镌分门定类绮筵雅令：抗城四句歌》：

郎有心来姐有心，二人好似线和针，
针儿何曾离了线，线儿何曾离了针。

这两首古代民歌有着同根同源的味道，所以从某种意义上讲，崖州民歌可能是中原古民歌的活化石。

二是移民迁入崖州经过长期共处，形成了崖州的乡音方言，民风民俗，随之便演化或产生语言通俗、乡音浓重、又相当具有地方特色的崖州民歌。

崖州民歌有明显的佛教"斋歌"和唐诗的印记。

唐代佛教传入海南，最早在古崖州建有佛庙大云寺，唐僧鉴真第五次东渡日本因台风袭击漂泊至崖州时，就住在该寺，传播佛教文化，念唱"斋歌"。

崖州民歌的嗟叹调就出自斋歌，崖州民歌的歌词接近七言唐诗，显然是受了唐诗的影响。

随着时代的发展，"三七句""长藤句"等演唱形式打破了崖州民歌原来四句二十八字的框架结构，慢慢发展为三四十字不等。

民歌演唱的场合不限，田间

■ 黎族歌舞表演

地头、屋前院后都能尽情放歌。

唐宋时期是我国诗歌的兴盛时期，加之宋元明代后移民进入高峰期，崖州民歌饱受多源头民间文化和唐宋时期诗词的影响，它不仅文辞美、意境美、唱腔美，且创作手法更具有地方艺术特色。

崖州民歌题材广泛，内容丰富，歌词多为七言，几乎涵盖了从人文历史、风光景色到人们社会生产、生活的方方面面，它与琼州传统文化、乡情民情、教育礼仪、社会形态、生产发展以及每个时期的文化与文明都息息相关，紧紧结缘。

崖州民歌艺人出口成歌，句句押韵，和谐优美，唱答如流。它的内容一般有长篇叙事歌，生活长歌，短歌和对歌四大部分。

已发现的叙事长诗不下百首，是崖州民歌中的瑰宝。崖州民歌曲调优美动听，有号子、叫卖调、拉大调、柔情调、嗟叹调、哼小调等。常见的曲目有《十送情郎》《梁生歌》《张生歌》《孟丽君》《驻春园》等。

长篇叙事歌俗称歌封或大朝歌，这一题材的民歌每部都是一部叙事长诗。长歌俗称歌牌，这类民歌的代表作有《贫家织女怨》《十道情郎》等。

■ 黎族歌舞表演

■ 黎族歌舞表演

短歌俗称歌仔，以七言四句体为一首，短歌多为即兴吟唱歌，精品极多，传唱范围广。

如《李德裕命名下马岭》：

> 做乜号名下马岭，只见树木生岭上；
> 天涯山海路途远，何处见人马上骑。
> 唐相号名下马岭，待我学明给你听，
> 只因海圯山路狭，只好下土牵马行。

又如《观音填海歌》：

> 观音挑土填沧海，娜引嘴提扁担败；
> 娜引嘴提扁担折，一担仙土岭两个。

这些都是流传年代很久的短歌。

对歌俗称"答歌"，民间对歌艺人具有很强的口头即兴创作能力和应变能力。对歌内容随意，即兴唱答通宵达旦对唱不停，在民间文化中堪称一绝。

崖州民歌格律严谨，在每一首或每一段的4句歌词中，要求第一、二、四句的尾音都要押韵，首句也不许脱韵。4句尾音的音调，也顺次严格规定为入声、阴平、入声、阳平。

即除第一句的尾音稍可通融外，其余3句的尾音音调都不许更改。除了尾音，别的字音也必须尽可能符合平仄。而对各句第四个字的音调要求严格。

此外，每一首或每一段中的4个尾音均不准彼此重复。总之，就韵律而言，它比绝句或竹枝词还严格。

崖州民歌的文化艺术价值，主要体现在它的广泛性、通俗性、艺术性、社会性，它与天涯传统文化以及每个时期的文化与文明都息息相关，紧紧结缘。

崖州民歌具有很强的社会教育价值。古代历来重男轻女，穷人和妇女很少有机会上学读书，唱民歌听民歌，使社会上没有机会接受文化教育的人学到知识，通晓古今，知书达理。

在民歌之乡中，老幼知"西厢"，男女知"红楼"，把历代名著改写成民歌，使人们有机会接触这些文学巨著，这是通过崖州民歌进行文化传教的好现象。摇篮民歌是崖州早期教育歌。

阅读链接

崖州民歌为群众所喜闻乐见，长期以来依靠口传心授的方式传承。由于民间艺术植根的土壤就是广大群众，民间对民歌的改造一刻也没有停止过。

民间歌者借物咏怀，将当地的风土人情全部注入歌曲之中，为民歌形式和内容增添了新鲜血液和活力。

南国艺苑奇葩儋州调声

黎族歌舞表演

儋州调声是仅流传于海南儋州一地并具有独特地域风格的民间歌曲，用儋州方言演唱，节奏明快，旋律优美，感情热烈，可歌可舞，被誉为"南国艺苑奇葩"。

儋州调声主要特色是男女集体对唱，把唱歌与舞蹈融为一体，是民间文化优秀遗产。

儋州调声产生于西汉时期，发源于儋州北部沿海三都、峨蔓、木棠、兰

■ 黎族歌舞表演

训、松林、光村一带，是一种以儋州方言演唱，体裁近似民间小调的汉族民间歌曲。

儋州，古称"儋耳"，文风昌盛，民心淳朴，特别是北宋一代文宗苏东坡曾谪居此地，弘扬文教，使儋州自古就有"诗乡歌海"之称。有诗写道：

儋州自古称歌海，山歌催得百花开。

人人都是山歌手，山山水水是歌台。

此处所谓"歌海"，就是指旋律优美、流传广泛的儋州民歌。在儋州民歌当中，调声更是久唱不衰、独树一帜。

据《儋州志》记载，宋代时就已有"八月中秋，男女少年郊游，对歌嬉乐"。

在古儋地区，汉族居民有"夜游"习俗，即一

山歌 是我国民歌的基本体裁之一。其主要功能是抒发心中喜悦之情或倾诉郁结在心头的愁闷。在我国一些地区和民族中，山歌常常是"情歌"的另一称谓。山歌的即兴性很强，曲调和歌词常根据需要而变化。主要集中分布在高原、内地、山乡、渔村及少数民族地区。流传极广，蕴藏极丰富。

村男青年邀请另一村女青年于月夜到外对歌，当时山歌一般以七言四句为主，后又截取其后两句，加进互赞问好等内容衬词，形成韵脚宽松的"两句半"。这时山歌活动也从"夜游"发展到"游春""中秋歌会"等。

儋州调声的内容因此以表达爱情、幸福生活为主，具有曲调优美和群体娱乐的特点，特别是每年的"中秋歌会"尤其热闹，参加者往往成千上万。

儋州调声歌声优美，热情奔放，舞姿百态，生动活泼，男唱女答，歌声此起彼落，具有鲜明的地方特色和独特的艺术风格。

唱调声没有固定的场合和时间，在农闲时节、逢年过节，在山坡野地、乡镇集市都可进行，主要是青年男女互相以歌抒情，农历八月十五唱调声尤为盛行。

调声节上所唱的歌起初大都为情歌，青年男女于月明之夜或春光明媚之时，集体对歌、娱乐传情。到清末民初，调声又吸收了"学堂乐歌"成分。

■黎族歌舞表演

儋州调声突破了山歌固有的表现形式，曲调层出不穷，演唱过场活跃，不论是唱词、曲调、节奏、旋律以及调式，都符合青年人的性格特征，是广大群众喜闻乐见的一种活动形式。

儋州调声曲调有宫、商、羽等多种调式，旋律进行中还经常出现调式交换和转调变化。而且，儋州调声在发展中善于吸收古曲、民歌的旋律，这也是调声艺术常唱不衰、与时俱进、历久弥新的重要原因之一。

古老的儋州山歌歌词大多是韵脚宽松的"两句半"。后来人们在劳动中又学到"车水歌"的旋律，再加入节拍鲜明的舞蹈节奏和情绪昂扬的音调进行集体对唱，演唱时手臂和身体随歌声节奏前后摆动。

■黎族歌舞表演

儋州调声分为"长调"和"短调"两种，俗称"倚声"或"夷声"，多为一词复唱，声调柔和、优美、口语化，措辞简明易懂，欢快活泼。

调声有若干常用曲调，以此为基础加以发展变化，可以创造出更多新曲，从而常唱常新。

儋州青年男女的对歌主要以调声为主。对歌时男队和女队对面站成两横列队，列距3米左右。对歌前每列队员互相勾住尾指，由歌头起调，领唱、指挥和选择歌词。

男队先唱，女队答唱，对歌当唱完第一段唱词后，唱一二句曲调代替乐器过门，接着唱第二段。队形随时变化，时而半圆，时而一字摆开，歌手手勾手，两脚有节奏地前后左右摆动。

对歌不受时间限制，以"唱道"，即对方答不上为止。对歌比赛时，各队都有统一的服饰，连草帽、眼镜、鞋子、手表都相同。

每到元宵、端午和中秋节时，人们都会不约而同地聚集到海南儋州的中和镇上，那里是原调声的主会场。人们盛装而来，广场外、大街上，人头攒动，各乡镇自然村的近百支调声队伍将广场点缀得五彩缤纷。

赛歌会上，调声的曲目既有来自田野乡间、原汁原味的自然调声，也有经过搜集整理、创作提高的艺术精品。独唱、对唱、齐唱、合唱，歌者即舞者，歌声此伏彼起延绵不绝，一首首调声唱出了五彩斑斓的大千世界。

街头上，还会出现一批自发的调声队伍，那些喜欢调声但没能在万人歌会上一展歌喉的小青年挤上街头唱了起来；还有一些在各乡镇有名的年纪已大的调声好手也不甘寂寞，组成了一支队伍，边歌边舞，乐在其中。

节日期间，对歌场上十多队、几十队男女歌手互比高低，观看者人山人海，十分热闹。唱歌的，将最拿手的调声倾情演绎；听歌的，早已醉倒在这一片歌海之中。

调声曲调有600多首，有一定代表性的曲目有《天崩地塌情不负》《祖国江山花百样》《一时不见三时闷》《单槌打鼓声不响》等。

阅读链接

儋州调声可任意发挥临时创意，曲调层出不尽，时而有如大江东去，气势磅礴高昂之调，时而又有小桥流水细腻之味，最适合男女青年抒发情感。

对歌时要以调声为主，男女两排对垒赛歌，歌手还以小指钩小指伴以简单的舞蹈动作。挑战都由双方领歌人先领唱，指挥和即兴发挥。

欢快的春米舞和竹竿舞

春米舞是海南的黎族地区妇女在春米时助乐的舞蹈活动，是黎族妇女在长期的劳动生活中演变形成的，具有独特的艺术风格。

春米舞与海南黎族人民长期的劳动过程息息相关。在清代之前就已产生，在没有形成舞蹈之前，仅作为黎族通过敲打而产生声音传递婚庆信号的一种方式。

黎族女孩春米

黎族人深居山区,在举办婚庆之时,为了告之周边临近村寨的村民,前来饮酒庆贺。

当时有人发现舂米时撞击舂桶的声音可以传播好远,于是采取了这一方式传递婚庆信号,久而久之,便成为一种习俗,于是这种方法逐渐被其他村落运用。

在其演变的过程中,这种方法发生变化,村与村之间举办婚庆活动时,也利用敲击舂桶声音的大小强弱比较阵势,竞出胜者。看哪个村敲得最响,哪个村的舂桶就是最多,由此,这种活动也逐渐成为一种习俗。

舂米舞的形成历史,还有其他的说法,或者在丰收的季节,"合亩制"时期的黎家妇女舂米劳动的喜悦表现;或者是妇女们在舂米繁忙辛苦的劳动中,为了缓解劳累,提高舂米效率,而逐渐演变形成舞蹈。

舞蹈中的舂米动作形态,基本来源于黎族妇女舂

■ 黎族舂米舞

米时的动作，反映黎族妇女劳动生活的一面，是古朴民风的真实写照。同时，展示了黎族妇女热爱生活、热爱劳动的精神风貌。

春米舞最初是4人跳，后来又发展为6人跳，由简单的打法演变为多种打法，通过变换动作，敲打春桶的不同方位，使"音乐"和舞蹈达到和谐效果。

黎族人办喜事的时候，妇女们聚在一起，在大木臼中放入稻谷，4人或6人各持木杵，轮番把稻谷春成米。慢慢地，她们在挥动木杵时加入了一些动作，使单调的木杵与臼的撞击声变成有节奏的撞击，从而演变成了自娱性强烈的舞蹈，体现了黎族女子勤劳、温顺和柔韧的性格。

以4人春米舞为例：一对以右腿弓步站立相对着春米，另一对也相对而立，只是腿膝时曲时直地春米。

春米时，一对往木臼里春米，另一对便可以木杵撞击臼沿或臼边。有的在臼内春一两下，又在臼边撞击数下，在同一节奏中，响起春米声和撞击木臼声这两种和谐有趣的声音。

有时，她们在高处跳起春米舞，那种"咕——叱！咕叱！咕叱！咕咕叱！咕咕叱！咕咕叱！"的声音，会顺风传至一两千米远，让在路上的人也会感觉

■ 黎族春米舞

春米 就是把打下的谷子去壳的过程，春出来的壳就是米糠，剩下的米粒就是可以吃的白米，春米的工具有点像捣药罐，有一个棒槌、一个盛器。用棒槌砸谷子，把米糠砸掉。据说，过去黎族没有碾米机，每天妇女们都要靠双手春米，如今所有的黎族姑娘都保持着这样的春米方式。

时辰 我国古时把一天划分为十二个时辰，每个时辰相等於现在的两小时。相传古人根据我国十二生肖中的动物的出没时间来命名各个时辰。西周时就已使用。汉代命名为夜半、鸡鸣、平旦、日出、食时、隅中、日中、日昳、晡时、日入、黄昏、人定。又用十二地支来表示，以夜半二十三点至一点为子时，一至三点为丑时，三至五点为寅时，依次递推。

■ 黎族竹竿舞

到不那么孤单了，仿佛身在田野绿秧中听到阵阵布谷春声。

有这种节奏感极强的音乐伴奏，哪怕是舂上一两个时辰，也不觉得疲倦。这种欢快而挺拔的舂米动作，自然呈现出了健美的舞蹈姿态。

黎族女子勤劳温顺，舂米舞正反映了这个特点。其实，在日常生活中，舂米者也就是舞者。而与之形成鲜明对比的是粗犷剽悍的男子们的竹竿舞。

竹竿舞又叫"打柴舞""跳竹柴"。在晒谷场或山坡的地坪上，平行摆开腿一样粗的两条方木做垫架，垫架上横放若干条手腕粗的长竹竿。持竿者相向的双手各执一条竹竿尾端，把竹竿与垫架、竹竿与竹竿碰击出有节奏的声音，称为"打柴"。

竹竿舞也是一种古老的运动项目，盛行于海南岛五指山区的乐东、东方、昌江、白沙等黎族聚居地区，据考证已有数百年的历史。

■ 黎族竹竿舞

　　"跳柴"原是黎族一种古老的祭祀方式，据传已有上千年历史。

　　黎家经过辛勤耕作，换得新谷归仓时，村里男女老少就喜气洋洋，身穿节日盛装，家家户户炊制新米饭、酿造糯米酒，宰杀家养禽畜，祭祀祖宗和神灵。

　　早在宋代，大文学家苏东坡在结束流放生活离开海南时，得到黎族父老乡亲的"黎歌变舞祝公归"的欢送，写下了"蛮舞与黎歌，余音犹沓沓"的诗句。可见，黎族的歌舞不但历史长，而且有其独特的魅力。

　　黎族人性格豪爽、能歌善舞。黎族的歌舞有其独特的魅力。黎族人喜欢跳"竹竿舞"，通常是在庭院或打谷场上跳这种舞。

　　舞时，两边各蹲4个人，每个人双手平握竹竿末端，按节奏张合敲打，舞者随着竹竿的张合，两脚不断上跳下踏，做出各种美妙动作，舞蹈颇为热烈。

　　竹竿舞持竿者姿势有坐、蹲、站，变化多样。在有节奏、有规律的碰击声里，跳舞者在竹竿分合的瞬间，不但要敏捷地进退跳跃，而

黎族竹竿舞

且要潇洒自然地做各种优美的动作。

当一对对舞者灵巧地跳出竹竿时，持竿者会高声地呼喝出："嘿！呵嘿！"场面极是豪迈洒脱，气氛热烈。

如果跳舞者不熟练或胆怯，就会被竹竿夹住脚或打到头，持竿者便用竹竿抬起被夹到的人往外倒，并群起而嬉笑之。相反，善跳的小伙子在这时，往往因机灵敏捷，应变自如而博得姑娘的青睐。

阅读链接

随着时代的变迁，跳柴习俗在黎族中传播、演变。祭祀色彩已逐渐消失，它已成为一种既是文化娱乐，又是体育健身的活动。过去那种只限"女打男跳"的习惯，也换之为"男女混合打跳"。

过去，"三月三"为黎寨的"山恋节"，后来也增进了跳竹竿等富有健康意义的活动内容，青年男女凭借跳竹竿活动，寻找"搭档"，架设"鹊桥"，建立情谊。